MOZHE FALÜ GUOHE
YI FA WEIGUAN

摸着法律过河
依法为官

椿桦　范兰德◎编

SPM

南方出版传媒

广东人民出版社

图书在版编目（CIP）数据

摸着法律过河：依法为官 / 椿桦，范兰德编. —广州：
广东人民出版社，2016.1

ISBN 978-7-218-10409-6

Ⅰ.①摸… Ⅱ.①椿… ②范… Ⅲ.①社会主义法制—建
设—中国—文集 Ⅳ.①D920.0-53

中国版本图书馆CIP数据核字（2015）第243241号

摸着法律过河：依法为官

椿桦　范兰德　编

出 版 人：曾　莹

责任编辑：曾白云　郑　婷
封面设计：尚书堂
责任技编：周　杰　黎碧霞

出版发行：广东人民出版社
地　　址：广州市大沙头四马路10号（邮政编码：510102）
电　　话：（020）83798714（总编室）
传　　真：（020）83780199
网　　址：http://www.gdpph.com
印　　刷：广州市穗彩印务有限公司
开　　本：889毫米×1194毫米　1/32
印　　张：8.25　插　页：2　字　数：158千
版　　次：2016年1月第1版　2016年1月第1次印刷
定　　价：28.00元

如发现印装质量问题，影响阅读，请与出版社(020-83795749)联系调换。
售书热线：（020）83793157　83795240

CONTENTS

167 卷三 | 法律思维与为官素养

摸着法律过河
——依法为官

学以致用，提高法治素养

法治兴则国家兴，法治强则国家强。毋庸置疑，依法治国是全体中国国民的共同愿望，自然也是全体国民的共同责任。本书的编辑出版，亦属公民对法治中国的一份责任，一份企盼。

中共十八届四中全会将建设法治中国提升到前所未有的高度，既体现了执政党依法治国的决心，亦承载了全体国民的殷殷期望。应当看到，"依法治国"不是一句口号，通过近年来一系列体制改革和反腐斗争，可以发现，法治中国正在脚踏实地稳步推进。但是，法治中国的建设，不能只依赖于顶层设计，关键还在于法治信仰在官民的心中落地生根。

"法律必须被信仰，否则它将形同虚设。"世界著名的比较法学先驱、社会主义法专家哈罗德·伯尔曼如是说。显而易见，依法治国的关键是官民树立起对法律的信仰。而法律信仰的树立，关键则在于官员奉公守法，身先垂范。这需要包括党员干部在内的公职人员提高自身的法治素养。法治素养从何而来？从学习中来，从实践经验中来，从学以致用中来。

所谓学以致用，是指为了实际应用而学习。本书不同于纯粹的理论文本，而是侧重于案例分析，强化实用性，以实践经验与活生生的事例，来加深读者，特别是公职人员，对法治的切身理解。其中包括正面的法治经验和负面的公权力违法案例。正面的经验，可供党员干部参考借鉴；负面的案例，则可成为我们的镜鉴或警钟，最终在依法治国的进程中大大降低甚至消灭这些负面因素。

编者从事新闻工作近二十年，其中有十余年专事理论与评论工作，可以说是中国法治进程中的见证者。在整个职业生涯中，编者耳闻目睹了各种各样的法治事件。对于许多典型案例的论述，编者根据记忆从过往的报刊资料中一一找出，选入本书。同时，广泛听取政界、学界及传媒界朋友的意见，采纳了他们的宝贵建议。最终选入本书的文章，均系最近五年来，尤其是十八大以来，各主流报刊公开发表过的。文章作者，包括各界专家学者、党政官员，以及资深的媒体观察人士，代表了社会多元的声音。

本书同样重视法治理论的作用。对于党员干部在法治实践中遇到的困惑，也有针对性的理论分析。

法治社会，必然也是一个学习型社会。不思进取，抱残守缺，无疑会成为历史的绊脚石。只有通过不断学习，才能端正思想，与时俱进，最终为法治中国增添正能量。但愿本书能为这股正能量，发挥绵薄之力。

由于编者水平有限，本书难免存在诸多不足；同时限于篇幅容量，对更多优秀论述文章的遗漏不可避免。恳请读者批评指正，对于有益的意见和建议，待日后本书再版时定虚心采纳。

椿　桦

2015年7月13日

卷首

JUAN SHOU

加快建设社会主义法治国家

坚定不移走中国特色社会主义法治道路

全面推进依法治国，必须走对路。如果路走错了，南辕北辙了，那再提什么要求和举措也都没有意义了。全会决定有一条贯穿全篇的红线，这就是坚持和拓展中国特色社会主义法治道路。中国特色社会主义法治道路是一个管总的东西。具体讲我国法治建设的成就，大大小小可以列举出十几条、几十条，但归结起来就是开辟了中国特色社会主义法治道路这一条。

恩格斯说过："一个新的纲领毕竟总是一面公开树立起来的旗帜，而外界就根据它来判断这个党。"推进任何一项工作，只要我们党旗帜鲜明了，全党都行动起来了，全社会就会跟着走。一个政党执政，最怕的是在重大问题上态度不坚定，结果社会上对有关问题沸沸扬扬、莫衷一是，别有用心的人趁机煽风点火、蛊惑搅和，最终没有不出事的！所以，道路问题不能含糊，必须向全社会释放正确而又明确的信号。

这次全会部署全面推进依法治国，是我们党在治国理政上的自我完善、自我提高，不是在别人压力下做的。在坚持和拓展中国特色社会主义法治道路这个根本问题上，我们要树立自信、保持定力。走中国特色社会主义法治道路是一个重大课题，有许多东西需要深入探索，但基本的东西必须长期坚持。

第一，必须坚持中国共产党的领导。党的领导是中国特色社会主义最本质的特征，是社会主义法治最根本的保证。坚持中国特色社会主义法治道路，最根本的是坚持中国共产党的领导。依法治国是我们党提出来的，把依法治国上升为党领导人民治理国家的基本方略也是我们党提出来的，而且党一直带领人民在实践中推进依法治国。全面推进依法治国，要有利于加强和改善党的领导，有利于巩固党的执政地位、完成党的执政使命，决不是要削弱党的领导。

坚持党的领导，是社会主义法治的根本要求，是全面推进依法治国题中应有之义。要把党的领导贯彻到依法治国全过程和各方面，坚持党的领导、人民当家作主、依法治国有机统一。只有在党的领导下依法治国、厉行法治，人民当家作主才能充分实现，国家和社会生活法治化才能有序推进。

坚持党的领导，不是一句空的口号，必须具体体现在党领导立法、保证执法、支持司法、带头守法上。一方面，要坚持党总揽全局、协调各方的领导核心作用，统筹依法治国各领域工作，确保党的主张贯彻到依法治国全过程和各方面。另一方面，要改善党对依法治国的领导，不断提高党领导依法治国的能力和水平。党既要坚持依法治国、依法执政，自觉在宪法法律范围内活动，又要发挥好各级党组织和广大党员、干部在依法治国中的政治核心作用和先锋模范作用。

第二，必须坚持人民主体地位。我国社会主义制度保证了人民当家作主的主体地位，也保证了人民在全面推进依法治国中的主体地位。这是我们的制度优势，也是中国特色社会主义法治区别于资本主义法治的根本所在。

坚持人民主体地位，必须坚持法治为了人民、依靠人民、造福人民、保护人民。要保证人民在党的领导下，依照法律规定，通过各种途径和形式管理国家事务，管理经济和文化事业，管理社会事务。要把体现人民利益、反映人民愿望、维护人民权益、增进人民福祉落实到依法治国全过程，使法律及其实施充分体现人民意志。

人民权益要靠法律保障，法律权威要靠人民维护。要充分调动人民群众投身依法治国实践的积极性和主动性，使全体人民都成为社会主义法治的忠实崇尚者、自觉遵守者、坚定捍卫者，使尊法、信法、守法、用法、护法成为全体人民的共同追求。

第三，必须坚持法律面前人人平等。平等是社会主义法律的基本属性，是社会主义法治的基本要求。坚持法律面前人人平等，必须体现在立法、执法、司法、守法各个方面。任何组织和个人都必须尊重宪法法律权威，都必须在宪法法律范围内活动，都必须依照宪法法律行使权力或权利、履行职责或义务，都不得有超越宪法法律的特权。任何人违反宪法法律都要受到追究，绝不允许任何人以任何借口任何形式以言代法、以权压法、徇私枉法。

　　各级领导干部在推进依法治国方面肩负着重要责任。现在，一些党员、干部仍然存在人治思想和长官意识，认为依法办事条条框框多、束缚手脚，凡事都要自己说了算，根本不知道有法律存在，大搞以言代法、以权压法。这种现象不改变，依法治国就难以真正落实。必须抓住领导干部这个"关键少数"，首先解决好思想观念问题，引导各级干部深刻认识到，维护宪法法律权威就是维护党和人民共同意志的权威，捍卫宪法法律尊严就是捍卫党和人民共同意志的尊严，保证宪法法律实施就是保证党和人民共同意志的实现。

　　我们必须认认真真讲法治、老老实实抓法治。各级领导干部要对法律怀有敬畏之心，带头依法办事，带头遵守法律，不断提高运用法治思维和法治方式深化改革、推动发展、化解矛盾、维护稳定能力。如果在抓法治建设上喊口号、练虚功、摆花架，只是叶公好龙，并不真抓实干，短时间内可能看不出什么大的危害，一旦问题到了积重难返的地步，后果就是灾难性的。对各级领导干部，不管什么人，不管涉及谁，只要违反法律就要依法追究责任，绝不允许出现执法和司法的"空挡"。要把法治建设成效作为衡量各级领导班子和领导干部工作实绩重要内容，把能不能遵守法律、依法办事作为考察干部重要依据。

　　第四，必须坚持依法治国和以德治国相结合。法律是成文的道德，道德是内心的法律，法律和道德都具有规范社会行为、维护社会秩序的作用。治理国家、治理社会必须一手抓法治、一手抓德治，既重视发挥法律的规范作用，又重视发挥道德的教化作用，实现法律和道德相辅相成、法治和德治相得益彰。

发挥好法律的规范作用，必须以法治体现道德理念、强化法律对道德建设的促进作用。一方面，道德是法律的基础，只有那些合乎道德、具有深厚道德基础的法律才能为更多人所自觉遵行。另一方面，法律是道德的保障，可以通过强制性规范人们行为、惩罚违法行为来引领道德风尚。要注意把一些基本道德规范转化为法律规范，使法律法规更多体现道德理念和人文关怀，通过法律的强制力来强化道德作用、确保道德底线，推动全社会道德素质提升。

发挥好道德的教化作用，必须以道德滋养法治精神、强化道德对法治文化的支撑作用。再多再好的法律，必须转化为人们内心自觉才能真正为人们所遵行。"不知耻者，无所不为。"没有道德滋养，法治文化就缺乏源头活水，法律实施就缺乏坚实社会基础。在推进依法治国过程中，必须大力弘扬社会主义核心价值观，弘扬中华传统美德，培育社会公德、职业道德、家庭美德、个人品德，提高全民族思想道德水平，为依法治国创造良好人文环境。

第五，必须坚持从中国实际出发。走什么样的法治道路、建设什么样的法治体系，是由一个国家的基本国情决定的。"为国也，观俗立法则治，察国事本则宜。不观时俗，不察国本，则其法立而民乱，事剧而功寡。"全面推进依法治国，必须从我国实际出发，同推进国家治理体系和治理能力现代化相适应，既不能罔顾国情、超越阶段，也不能因循守旧、墨守成规。

坚持从实际出发，就是要突出中国特色、实践特色、时代特色。要总结和运用党领导人民实行法治的成功经验，围绕社会主义法治建设重大理论和实践问题，不断丰富和发展符合中国实际、具有中国特色、体现社会发展规律的社会主义法治理论，为依法治国提供理论指导和学理支撑。我们的先人们早就开始探索如何驾驭人类自身这个重大课题，春秋战国时期就有了自成体系的成文法典，汉唐时期形成了比较完备的法典。我国古代法制蕴含着十分丰富的智慧和资源，中华法系在世界几大法系中独树一帜。要注意研究我国古代法制传统和成败得失，挖掘和传承中华法律文化精华，汲取营养、择善而用。

坚持从我国实际出发，不等于关起门来搞法治。法治是人类文明的重要成果之一，法治的精髓和要旨对于各国国家治理和社会治理具有普遍意义，我们要学习借鉴世界上优秀的法治文明成果。但是，学习借鉴不等于是简单的拿来主义，必须坚持以我为主、为我所用，认真鉴别、合理吸收，不能搞"全盘西化"，不能搞"全面移植"，不能照搬照抄。

扎扎实实把全会提出的各项任务落到实处

这次全会对全面推进依法治国作出了全面部署，提出的重大举措有180多项，涵盖了依法治国各个方面。全党要以只争朝夕的精神和善作善成的作风，扎扎实实把全会提出的各项任务落到实处。

第一，紧紧围绕全面推进依法治国总目标，加快建设中国特色社会主义法治体系。全面推进依法治国总目标是建设中国特色社会主义法治体系，建设社会主义法治国家。这是贯穿决定全篇的一条主线，既明确了全面推进依法治国的性质和方向，又突出了全面推进依法治国的工作重点和总抓手，对全面推进依法治国具有纲举目张的意义。

依法治国各项工作都要围绕全面推进总目标来部署、来展开。法治体系是国家治理体系的骨干工程。落实全会部署，必须加快形成完备的法律规范体系、高效的法治实施体系、严密的法治监督体系、有力的法治保障体系，形成完善的党内法规体系。

"立善法于天下，则天下治；立善法于一国，则一国治。"要坚持立法先行，坚持立改废释并举，加快完善法律、行政法规、地方性法规体系，完善包括市民公约、乡规民约、行业规章、团体章程在内的社会规范体系，为全面推进依法治国提供基本遵循。要加快建设包括宪法实施和执法、司法、守法等方面的体制机制，坚持依法行政和公正司法，确保宪法法律全面有效实施。要加强党内监督、人大监督、民主监督、行政监督、司法监督、审计监督、社会监督、舆论监督，努力形成科学有效的权力运行和监督体系，增强监督合力和实效。

要完善党内法规制定体制机制，注重党内法规同国家法律的衔接和协调，构建以党章为根本、若干配套党内法规为支撑的党内法规制度体系，提高党内法规执行力。党章等党规对党员的要求比法律要求更高，党员不仅要严格遵守法律法规，而且要严格遵守党章等党规，对自己提出更高要求。

第二，准确把握全面推进依法治国工作布局，坚持依法治国、依法执政、依法行政共同推进，坚持法治国家、法治政府、法治社会一体建设。全面推进依法治国是一项庞大的系统工程，必须统筹兼顾、把握重点、整体谋划，在共同推进上着力，在一体建设上用劲。

"天下之事，不难于立法，而难于法之必行。"依法治国是我国宪法确定的治理国家的基本方略，而能不能做到依法治国，关键在于党能不能坚持依法执政，各级政府能不能依法行政。我们要增强依法执政意识，坚持以法治的理念、法治的体制、法治的程序开展工作，改进党的领导方式和执政方式，推进依法执政制度化、规范化、程序化。执法是行政机关履行政府职能、管理经济社会事务的主要方式，各级政府必须依法全面履行职能，坚持法定职责必须为、法无授权不可为，健全依法决策机制，完善执法程序，严格执法责任，做到严格规范公正文明执法。

法治国家、法治政府、法治社会三者各有侧重、相辅相成。全面推进依法治国需要全社会共同参与，需要全社会法治观念增强，必须在全社会弘扬社会主义法治精神，建设社会主义法治文化。要在全社会树立法律权威，使人民认识到法律既是保障自身权利的有力武器，也是必须遵守的行为规范，培育社会成员办事依法、遇事找法、解决问题靠法的良好环境，自觉抵制违法行为，自觉维护法治权威。

第三，准确把握全面推进依法治国重点任务，着力推进科学立法、严格执法、公正司法、全民守法。全面推进依法治国，必须从目前法治工作基本格局出发，突出重点任务，扎实有序推进。

推进科学立法，关键是完善立法体制，深入推进科学立法、民主立法，抓住提高立法质量这个关键。要优化立法职权配置，发挥人大及其常委会在立法工作中的主导作用，健全立法起草、论证、协调、审议机制，完善法律草案表决程序，增强法律法规的及时性、系统性、针对性、有效性，提高法律法规的可执行性、可操作性。要明确立法权力边界，从体制机制和工作程序上有效防止部门利益和地方保护主义法律化。要加强重点领域立法，及时反映党和国家事业发展要求、人民群众关切期待，对涉及全面深化改革、推动经济发展、完善社会治理、保障人民生活、维护国家安全的法律抓紧制订、及时修改。

推进严格执法，重点是解决执法不规范、不严格、不透明、不文明以及不作为、乱作为等突出问题。要以建设法治政府为目标，建立行政机关内部重大决策合法性审查机制，积极推行政府法律顾问制度，推进机构、职能、权限、程序、责任法定化，推进各级政府事权规范化、法律化。要全面推进政务公开，强化对行政权力的制约和监督，建立权责统一、权威高效的依法行政体制。要严格执法资质、完善执法程序，建立健全行政裁量权基准制度，确保法律公正、有效实施。

推进公正司法，要以优化司法职权配置为重点，健全司法权力分工负责、相互配合、相互制约的制度安排。各级党组织和领导干部都要旗帜鲜明支持司法机关依法独立行使职权，绝不容许利用职权干预司法。"举直错诸枉，则民服；举枉错诸直，则民不服。"司法人员要刚正不阿，勇于担当，敢于依法排除来自司法机关内部和外部的干扰，坚守公正司法的底线。要坚持以公开促公正、树公信，构建开放、动态、透明、便民的阳光司法机制，杜绝暗箱操作，坚决遏制司法腐败。

推进全民守法，必须着力增强全民法治观念。要坚持把全民普法和守法作为依法治国的长期基础性工作，采取有力措施加强法制宣传教育。要坚持法治教育从娃娃抓起，把法治教育纳入国民教育体系和精神文明创建内容，由易到难、循序渐进不断增强青少年的规则意识。要健全公民和组织守法信用记录，完善守法诚信褒奖机制和违法失信行为惩戒机制，形成守法光荣、违法可耻的社会氛围，使尊法守法成为全体人民共同追求和自觉行动。

第四，着力加强法治工作队伍建设。全面推进依法治国，建设一支德才兼备的高素质法治队伍至关重要。我国专门的法治队伍主要包括在人大和政府从事立法工作的人员，在行政机关从事执法工作的人员，在司法机关从事司法工作的人员。全面推进依法治国，首先要把这几支队伍建设好。

立法、执法、司法这3支队伍既有共性又有个性，都十分重要。立法是为国家定规矩、为社会定方圆的神圣工作，立法人员必须具有很高的思想政治素质，具备遵循规律、发扬民主、加强协调、凝聚共识的能力。执法是把纸面上的法律变为现实生活中活的法律的关键环节，执法人员必须忠于法律、捍卫法律，严格执法、敢于担当。司法是社会公平正义的最后一道防线，司法人员必须信仰法律、坚守法治，端稳天平、握牢法槌，铁面无私、秉公司法。要按照政治过硬、业务过硬、责任过硬、纪律过硬、作风过硬的要求，教育和引导立法、执法、司法工作者牢固树立社会主义法治理念，恪守职业道德，做到忠于党、忠于国家、忠于人民、忠于法律。

律师队伍是依法治国的一支重要力量，要大力加强律师队伍思想政治建设，把拥护中国共产党领导、拥护社会主义法治作为律师从业的基本要求。

第五，坚定不移推进法治领域改革，坚决破除束缚全面推进依法治国的体制机制障碍。解决法治领域的突出问题，根本途径在于改革。如果完全停留在旧的体制机制框架内，用老办法应对新情况新问题，或者用零敲碎打的方式来修修补补，是解决不了大问题的。在决定起草时我就说过，如果做了一个不痛不痒的决定，那还不如不做。全会决定必须直面问题、聚焦问题，针对法治领域广大干部群众反映强烈的问题，回应社会各方面关切。

这次全会研究和部署全面推进依法治国，虽然不像三中全会那样涉及方方面面，但也不可避免涉及改革发展稳定、内政外交国防、治党治国治军等各个领域，涉及面、覆盖面都不小。这次全会提出了180多项重要改革举措，许多都是涉及利益关系和权力格局调整的"硬骨头"。凡是这次写进决定的改革举措，都是我们看准了的事情，都是必须改的。这就需要我们拿出自我革新的勇气，一个一个问题解决，一项一项抓好落实。

法治领域改革涉及的主要是公检法司等国家政权机关和强力部门，社会关注度高，改革难度大，更需要自我革新的胸襟。如果心中只有自己的"一亩三分地"，拘泥于部门权限和利益，甚至在一些具体问题上讨价还价，必然是磕磕绊绊、难有作为。改革哪有不触动现有职能、权限、利益的？需要触动的就要敢于触动，各方面都要服从大局。各部门各方面一定要增强大局意识，自觉在大局下思考、在大局下行动，跳出部门框框，做到相互支持、相互配合。要把解决了多少实际问题、人民群众对问题解决的满意度作为评价改革成效的标准。只要有利于提高党的执政能力、巩固党的执政地位，有利于维护宪法和法律的权威，有利于维护人民权益、维护公平正义、维护国家安全稳定，不管遇到什么阻力和干扰，都要坚定不移向前推进，决不能避重就轻、拣易怕难、互相推诿、久拖不决。

法治领域改革有一个特点，就是很多问题都涉及法律规定。改革要于法有据，但也不能因为现行法律规定就不敢越雷池一步，那是无法推进改革的，正所谓"苟利于民不必法古，苟周于事不必循旧"。需要推进的改革，将来可以先修改法律规定再推进。对涉及改革的事项，中央全面深化改革领导小组要认真研究和督办。

同志们，全面推进依法治国是一个系统工程，是国家治理领域一场广泛而深刻的革命，必须加强党对法治工作的组织领导。各级党委要健全党领导依法治国的制度和工作机制，履行对本地区本部门法治工作的领导责任，找准工作着力点，抓紧制定贯彻落实全会精神的具体意见和实施方案。要把全面推进依法治国的工作重点放在基层，发挥基层党组织在全面推进依法治国中的战斗堡垒作用，加强基层法治机构和法治队伍建设，教育引导基层广大党员、干部增强法治观念、提高依法办事能力，努力把全会提出的各项工作和举措落实到基层。

（原载于2015年第一期《求是》杂志。这是习近平同志2014年10月23日在党的十八届四中全会第二次全体会议上的讲话的第二部分和第三部分）

摸着**法律**过河
——依法为官

卷一

FA ZHI QIANG ZE
ZHONG GUO QIANG

法治强则

中国强

设立"宪法日"有助于培育宪法信仰

摸着法律过河
——依法为官

关键词：宪法信仰

宪法拥有最高法律效力和不容置疑的权威与尊严，如果宪法不被信仰，法治必然是无源之水。

10月28日，中共十八届四中全会审议通过的《中共中央关于全面推进依法治国若干重大问题的决定》正式发布。《决定》指出，将每年12月4日定为国家宪法日。同一天，全国人大常委会审议了关于设立国家宪法日的决定草案，拟以立法形式将12月4日设立为国家宪法日，在全社会开展宪法意识、宪法观念、宪法权威的宣传教育活动。

学界关于设立"宪法日"的提议，最早可追溯至1982年12月4日。那一天，正是现行宪法颁布之日。19年后的2001年12月4日，中共中央、国务院将这一天确定为首个全国"法制宣传日"，旨在"进一步提高全民的法律素质和全社会法治化管理水平"。13年来，"四五普法"已推进到了"六五普法"，"法制宣传日"每年都得到了坚持。

从"法制宣传日"到"宪法日"的升级，并不是后者取代前者，而是在"法制宣传日"的基础上，突出宪法的权威，以利于在整个社会营造出尊宪、守宪和护宪的氛围。依法治国首先是依宪治国，依法执政首先是依宪行政。宪法不仅是"众法之法"，也是"根本大法"。宪法拥有最高法律效力和不容置疑的权威与尊严，如果宪法不被信仰，法治必然是无源之水。

"法律必须被信仰，否则它将形同虚设。"在我们这样一个宪法文化积淀相对较少的国度，要全面推进法治建设，既需要以宪法的实施来宣示宪法自身的生命力，又需要辅以宪法宣传和宪法文化的浸润，使民众时时感念于心，在日积月累中增强对宪法的尊崇与敬畏。

对中国来说，宪法是个舶来品。自清朝1908年制定《钦定宪法大纲》起算，宪法在国家层面进入国人视野亦不过106年光景。自清末始，曾出现"君主立宪""虚君立宪""资产阶级共和宪法"等名词，但并没有培育出深入人心的宪法

法治强则中国强 卷一

信仰。

新中国成立65年来，在曾起"准宪法"作用的《共同纲领》之外，我们已有了"54宪法""75宪法""78宪法"与"82宪法"这4个文本。今天我们回望过去，"82宪法"颁布以来这32年的发展历程，已为"宪法日"的设立提供了足够的理由。一方面，政治、经济、社会的飞速发展需要宪法权威来捍卫；另一方面，尊崇宪法、遵守宪法、维护宪法需要更多宪法文化和宪法理念的支撑。

当然，要让宪法成为众所敬畏和尊奉的"众法之法"，成为依法治国和依法执政的基石，仅有对宪法的宣传是不够的。关键还在于，要有一个有效的宪法监督机制，确保违宪行为都能得到及时纠正。而这些纠错个案，又将是"宪法日"最生动和最鲜活的宣传材料。

十八届四中全会特别提出，"健全宪法实施和监督制度，完善全国人大及其常委会宪法监督制度，健全宪法解释程序机制"，其深意正在于通过激活宪法的实施和适用，为宪法意识、宪法观念和宪法权威的深入人心提供生命之水。

（原载于2014年10月30日《新华每日电讯》。作者：王琳）

兑现依法治国 广东又开风气之先

关键词：合法性审查

2014年12月29日下午5时40分，深圳市政府临时召开新闻发布会，宣布自当日18时起（即20分钟后）实施小汽车限牌政策。今后，市民购买小汽车须通过摇号与竞价方式获取车牌。此前，深圳官方曾表态，限牌绝不搞突然袭击。汽车限牌政策再度引发舆论争议和法学界质疑。

广东省法制办23日确认已启动深圳车辆限牌合法性审查。深圳自去年底开始实施车辆限牌，东南大学副教授顾大松就此向广东省法制办提出质疑，要求审查深圳市做法的合法性。

法制办在15个工作日内回复了顾大松的要求，并已正式启动审查程序。

上级政府法制办审查下级政府的行为是否合法合规，这在以前就经常发生。但广东省法制办这一次启动审查公开见诸媒体，审查的事项又是焦点性的限牌事宜，这在全面推进依法治国的四中全会之后显得格外突出，展现了一种公众期待的新气象。

依法治国恐怕先要在政府层面形成突破。这是四中全会的侧重点之一，也是公众眼中依法治国"真搞还是假搞"的试金石。以往中国社会像是有个既定逻辑：政府的所有决定都是对的。但事实是，政府的确有做错的时候，也有做事程序不合规的情况。依法治国就是要把法律作为社会运行的核心规范，无论谁做事都要对照法律，政府尤其要受监督，并且要在遵法方面做出表率。

中国大城市限牌的情况已有多例，深圳打的不是头炮。限牌对很多城市来说像是被迫之举，政府不得不对城市交通方面的有限资源进行管控。有的城市通过摇号限量分配车牌，有的城市公开拍卖，无论哪种方式引起的争议都很多，对其合理甚至合法性的质疑不绝于耳。有人提出用大大增加开车成本来取代限牌，但这种主张同样遭到激烈批评，认为它是对穷人开车权利的侵犯。

那么深圳限牌到底合不合理、合不合法？广东省法制办可谓在风口浪尖上给自己揽了一件大事。可以肯定，无论广东法制办做出什么样的决定，都会招来巨大争议，骂声大概少不了。但广东省法制办不惧是非，展现的恰是依法治国的真决心、真勇气。就凭这一点，差不多整个互联网昨天为广东喝了彩。

很多人昨天忍不住想，如果广东法制办经过调查最终认定深圳限牌不合法，那将会发生什么？那的确将"很有意思"。不仅深圳将十分尴尬，北上广津杭等其他限牌城市都可能迎来新一轮争议。不过也有学者认为，深圳作为计划单列市有独立做限牌决定的权力，广东法制办即使裁定这样做不合法，深圳也有进一步申辩的空间。

深圳限牌由于是被迫行动，必有其合理性和不合理性，如何在众目睽睽之下对其做司法定性，是一项有挑战性的工作。我们认为，广东这样做的最大意义就是针对重大争议公开启动合法性调查这一行动本身，它对依法治国客观上具有一定的示范性。既然迈出了这一步，它就不应是作秀，不应看各地政府或者舆论任何一方的脸色。

希望广东法制办能排除各种干扰，聚精会神调查并最终依法做出裁定。依法治国必然意味着社会治理规则和程序的某些调整，也意味着能在众声喧哗的时候保持法律精神的不动摇。通过这次裁定，应当让法律真正站到这件事来龙去脉的中心位置，让所有其他因素适应、迎合法律，而不是反过

卷二
法治强则中国强

来让法律屈从各种"现实因素"。

当然，法律不是抽象的精神和原则，它来源于现实，其宗旨也是帮助现实世界建立秩序。但是法律与任何强大的现实因素都非"特供关系"，法律必须是超脱而公正的。

法治是成本挺高也挺麻烦的事，它给人的最初印象肯定没有完全由行政体系指挥社会显得高效。但是法治又是被人类历史证明了最有效的基础性现代治理体系，四中全会决定全面推进依法治国是面向未来制定的大战略，它需要无数实践来兑现，这样的任重道远需要真心急中央之所急的地方政府和社会积极力量加以分担。

（原文系2015年1月24日《环球时报》社论）

摸着**法律**过河
——依法为

养老并轨，见证改革勇气

关键词：养老保险并轨

同属就业人员，处于不同养老制度中，最终缴费多的企业员工，退休后待遇反倒低，不缴费的机关事业单位员工，退休后待遇反倒较高。新年伊始，养老保险双轨制改革启动。不回避难点，不拖延问题，让人们感受到改革的勇气和诚意，体会到了改革的决心和力度，对未来的改革更加充满信心。

机关事业单位工作人员养老保险制度改革启动实施，养老保险"双轨制"开始破冰。这是我国社会保险体系建设中具有里程碑意义的关键一步，也是全面深化改革的一项重大实践。

卷一 法治强则中国强

养老保险双轨制，一直被比作社保领域最难啃的硬骨头。称其"硬"，一是由于问题复杂、矛盾突出。企业职工早在20世纪末就实行了养老保险制度，而机关事业单位一直实行原来的退休制度。同属就业人员，处于不同养老制度中，最终缴费多的企业员工，退休后待遇反倒低，不缴费的机关事业单位员工，退休后待遇反倒较高。社会保险作为调节分配的重要手段，本应有助于公平。但双轨制的存在，却在一定程度上加剧了不公平，成为近年来社会热议的焦点矛盾。称其"硬"，还由于要推动这项改革，涉及改革者自身的利益。政府部门是改革方案的主要制定者，是改革的直接推动者。政府部门员工，恰恰也是双轨制中不缴费的群体。改革者推进改革的决心有多大、能不能触动自身利益？全社会都在关注。

动真碰硬，勇于向自己开刀。新年伊始，养老保险双轨制改革启动。不回避难点，不拖延问题，让人们感受到改革的勇气和诚意，体会到了改革的决心和力度，对未来的改革更加充满信心。

改革回应民众关切，彰显公平正义。养老保险并轨，机关事业单位员工从不缴费变为缴费，缴费比例与企业养老办法相同，待遇计发办法与企业养老类似。随着改革的有序推进，双轨制下"待遇差"的矛盾将逐步得到化解。社会保险将更好地体现制度公平、规则公平，发挥"稳定器"的作用，让所有参保者安享晚年。

改革注重统筹兼顾，展示改革智慧。养老并轨不是简单"拉平"，而是要使社会保险制度更加合理完善、公平公正。此次改革"一个统一、五个同步"的基本思路，突出了改革的系统性和协调性，既能有效化解矛盾，又能较好地综合平衡前后左右的各种关系，有助于形成社会共识，保证改革顺利推进。

改革是个长期的过程，不可能一蹴而就。当下，先集中解决机关事业单位与企业养老保险制度不统一的问题，迈出了养老保险制度并轨的决定性一步。我国地区发展差异大，各个行业、各类单位情况复杂，在改革推进的过程中不可避免地还会遇到各种各样的新问题。建立更加公平可持续的社会保险制度，还要结合顶层设计，不断完善政策，理顺各方关系，为改革赢得更多共识，更好地把改革推向深入。

（原载于2015年1月15日《人民日报》。作者：晓白）

打回预算报告是正常的人大监督

关键词：人大否决

在2009年的承德市人民代表大会上，承德市政府2009年预算报告草案接连被代表打回修改了两次，直到更改了预算才获通过。之所以如此，是因为该市人大代表认为政府"有钱不紧着民众花"，要求财政投入大幅度向民生倾斜，经过反复博弈，政府方面做出妥协，在民生方面大量增加开支，如原来对社保领域的投入为2000万元，后改为4000万元；原来对教师的投入为1000多万元，后改为2000多万元等。最终预算报告才得以"过关"。

近年来，随着"公共财政""预算监督"

等公共意识的崛起，预算监督如何从形式走向实质已成为各级人代会上的焦点议题。而在实践层面，预算信息不断公开、预算监督范围不断扩大等变迁，也见证了人大预算监督由虚变实的改革努力。不过，迄今为止，人大代表对于政府预算大多止于口头批评，罕有将预算方案打回修改的先例。

事实上，如果公共财政制度较为完善，政府预算方案经民意机关审查后，大多已是面目全非。如今，终于见到这种更改政府预算的监督效应，尽管只是发轫于地方人大的一个孤例，但我们有理由期待，这或许是人大预算监督走向实质的历史性拐点。

承德的破冰之举得益于当地人大监督政府的行权意识，也得益于人大代表仗义执言的履职勇气。通过更改政府预算，承德市大幅增加了有益民生的投入，而政府开支则大大压缩，如仅政府采购费用就减少了7000多万元。

公共财政向公共利益和纳税人利益倾斜，同时有效控制政府浪费、逐利乃至腐败的空间，事实上也是预算监督理应追求的价值目标。

人大监督的承德经验值得肯定，但也要看到，在敢于监督、勇于监督的同时，如何善于监督、深入监督进而提升预算监督质量，仍然有待探索。比如，尽管此次承德的人大代表两次退回了政府的预算方案，但大多局限于"投入太少"之类的抽象化、直觉性质疑，而没有提出专业化、建设性的调整方案，最终的预算方案依然是政府"自我修改"的结果。各项财政资金安排是否尽可能做到了合情合理，社保、教育等民生领域的投入有无进一步增加的可能，政府用支有无进一步压缩的可能等等，依然不清晰。

因此，人大预算监督应进一步向主动监督、专业监督转型。比如，根据现行的宪政和人大制度设计，人大代表联名、人大专门委员会等可以提出预算修正案，这是对政府预算进行主动监督的有效方式。倘若人大能不断提出预算修正案，根据情势变化、民生所需时时对政府预算做出更改，当能发挥常态性、跟踪性的监督效应，其监督效能显然远远高于政府限于一时的"自我修改"。遗憾的是，这项权力在实践中从未有效激活。2003年，广东人大11位代表曾联名提出过预算修正案，却因种种原因未列入大会议程。而上海市闵行区人大尽管在今年人代会召开前发布了提出预算修正案的具体办法，亦没有代表行使这项权力。

当然，这种权力流失既与缺乏更有力的制度保障有关，也与人大代表的专业素养不足有关。要改变这样的局面，涉及许多深层次的改革。比如，对人大代表进行必要的预算知识培训；招募专业的预算专家组成人大的智囊团，为人大代表提供更为充分、专业的论证报告和参考意见；政府邀请人大代表提前介入财政预算编制，等等。而所有这些，都有赖于制度化的保障。

摸着法律过河
——依法治官

今年全国人代会上，4万亿元公共资金的监督问题受到了代表们的高度关注，这是推动人大预算监督，并由此从形式走向实质的一个历史契机。我们期待，能出现更多的"承德式"预算更改，而由此演练的人大预算监督的种种实质性进步，亦能成为公共政治生活中的民主常态。

（原文系2009年3月20日《新京报》社论）

"**法** 无授权不可为" 应成基本行政准则

关键词：法无授权不可为

2014年3月13日，国务院总理李克强在人民大会堂回答中外记者提问时表示，要正确处理好政府和市场的关系，市场经济也是法治经济，要努力做到让市场主体"法无禁止即可为"，让政府部门"法无授权不可为"，调动千千万万人的积极性，为中国经济的发展不断注入新动力。

总理说得非常好，我以为，"法无禁止即可为"与"法无授权不可为"，应成为各级政府严守的一项基本要求。

实际上，"法无授权不可为"是对依法行政

的重申和强调，是"把权力关进笼子"的另一种表述——政府的任何行为以及出台的政策规定，都必须取得法律授权，于法有据，以保证权力在法律框架内运行。而简政放权、削减行政审批事项，正在于约束权力，防止权力滥用，同时赋权于民、保障民众权利，以激发市场活力和民众的创造力。可见，政府"法无授权不可为"与民众"法无禁止即可为"相辅相成，是改革的大方向，也是时代发展的潮流。

然而，在现实生活中，我们看到，"法无授权不可为"说起来容易、做起来难。稍加检视就会发现，一些地方政府部门的行为及出台的规定，不少都是"法无授权"而为之，甚至没有对其"合法性"进行审慎考量。一种较为常见的情形是，政府初衷良好、目的正确，但出台的规定于法无据，即合理不合法，这样的规定往往极具迷惑性。

且举一例：为了遏制餐桌上的浪费，引导民众合理点餐，一些地方政府出台规定，对剩菜剩饭行为实施处罚。倡导节约、反对浪费当然很正当，但问题是，消费者自己花钱买来的食物没有吃完，只是一种不道德行为，而并不是违法行为。换言之，没有任何法律法规授予政府部门这方面的处罚权，那么，有关政府部门便无权处罚，哪怕目的再正确、初衷再良好，也不行。

谨守"法无授权不可为"准则，我认为必须首先厘清两个问题：其一，政府部门做事，合法性是第一位的，甚至是凌驾于合理性之上的，目的正确、初衷良好，不能成为政府突破法律界限的理由和借口；其二，政府并不是万能的，对于有些看不惯、不合理的社会现象，当法律没有相关规定之时，政府便只好"无能为力"甚至"无所作为"，权力乱伸手的负面影响，往往比这些不合理现象的负面影响更大。

让人欣慰的是，我们经常看到一些政府部门恪守"法无授权不可为"，哪怕舆论汹汹也不为所动。譬如，很多人对餐饮场所"最低消费"深恶痛绝，呼吁政府部门强行管制的声音很响亮，但商务部新闻发言人沈丹阳坚持认为，包间服务成本高于大厅服务成本，包间设置"最低消费"有其合理性，这件事应该由市场解决，法律没有明文禁止，政府部门就不便强行干预。

总之，"法无授权不可为"应成为政府的基本行政准则。

（原载于2014年3月14日《第一财经日报》。作者：晏扬）

以 司法正义克服命运偶然

关键词：司法纠错

  2014年12月15日，内蒙古自治区高级人民法院做出裁定，宣告呼格吉勒图无罪，随后启动了追责程序和国家赔偿。1996年4月9日，呼和浩特市毛纺厂年仅18岁的职工呼格吉勒图被认定为一起奸杀案凶手。案发仅仅61天后，法院在没有充足证据支持的情况下，判决呼格吉勒图死刑，立即执行。呼格吉勒图死后，其家人持续9年为其申诉。2005年，被媒体称为"杀人恶魔"的内蒙古系列强奸杀人案凶手赵志红落网，其交代的第一起杀人案就是"4·9"毛纺厂女厕奸杀案。

法治强则中国强
卷

扣人心弦的"司法剧集"近日持续更新。继聂树斌案被指令复查之后，内蒙古呼格吉勒图案也有了惊人逆转。2014年12月15日，内蒙古高院做出再审判决，撤销原一审判决和二审裁定，并宣告呼格吉勒图无罪。这是近年来少有的执行死刑后又"沉冤昭雪"的案件，彰显了司法纠错的勇气和决心。

"呼格案"因其错综复杂的案情、跌宕起伏的进展，自然容易引起媒体和公众的追踪。当"不白之冤"一朝尽洗，我们除了为不可挽回的生命惋惜、为造化弄人的命运感叹，还应该从法理上重新思考司法与正义的一些基本原则。逝者已往，来者可追，我们要做的，就是从这些不幸的案例中汲取借鉴，最终推动司法的进步。

有必要简单回顾一下18年前，让年轻的呼格吉勒图走上不归路的这起命案。那是1997年刑法典公布的前一年，也是修改后的刑事诉讼法尚未施行之时。罪刑相当、疑罪从无等基本原则尚未得到普遍实施，更不要说成为公众的一般理念。需要承认，当法治原则缺失时，个体的裁决很大程度上要受到偶然性的影响。正如呼格吉勒图在1996年"偶然"地遭遇了女厕命案，又"偶然"地遇上了当时的"严打"，同样，本案的峰回路转，也是由于"偶然"地碰到另一嫌犯的供认。

司法原则和正当程序的确立，恰恰是为了克服这种"偶然性"。既包括对遭受偶然侵害的人们提供权利救济，也包括不让司法链条上的偶然失误造成不可逆的影响。制度的恒定，正是为了补救个体命运的偶然，减少冤错、促进公正。同样重要的还有纠错的及时性。法谚说，正义可能迟到但不会缺席，然而，如果正义迟到得太久，以至于错过了一个鲜活生命时，正义又如何体现？在今年10月的全国人大常委会上，最高人民检察院检察长曹建明主动披露了一起"徐辉强奸杀人"的冤假错案，彰显了纠错的坚定决心。相信"呼格案"的再审结果及司法机关的态度，将使疑罪从无、非法证据排除等现代司法理念更加深入人心。

15日上午，再审判决宣布后，内蒙古高院副院长赵建平向呼格吉勒图父母真诚道歉。法律给了已经逝去的生命一个说法，给了当事者家属一个说法。这提示我们，和"不放过真凶"一样重要甚至更加重要的，是"不错抓无辜"以及"知错就改"。哪怕有一个疑点，不管是实体上的还是程序上的，司法者都必须慎之又慎，因为迈出去的这一步，很有可能就指向无可挽回的深渊。司法机关要做悬崖边的守卫者，对每一起案件"锱铢必较"。回顾此前的一些冤错案件，之所以能够柳暗花明，固然有偶然的因素，但正是基本法治原则的严格落实，才使正义从偶然变成必然，让法治成为每个人的守护神。

"我泪水涔涔，却不是为了个人的不幸。"呼格吉勒图，连同徐辉、张高平叔侄、于英生、李怀亮等人，遭遇了个体的不幸，我们对此表示极大的同情，也期待更加完善的法治，为社会群体带来普遍正义。据说在蒙语中，"呼格吉勒图"有"幸福之地"的寓意，这个内蒙古小伙已经无缘到达这个名字里的地方，但十八届四中全会确立的法治中国目标的实现，将为每个人允诺一个正义的彼岸。

（原载于2014年12月16日《人民日报》。作者：白龙）

摸着**法律**过河
——依法为官

假如念斌是真凶

卷
法治强则中国强

关键词：疑罪从无

2014年8月25日，先后4次被判死刑的福建人念斌，被无罪释放。2006年7月，他被指控投毒导致多人中毒，其中有两人死亡。一年前的8月13日，被指控杀妻而被判无期徒刑的安徽人于英生亦因证据疑点重重，在服刑17年后被无罪释放。

8月25日，跌宕起伏了8年的福建 "念斌案" 终于尘埃落定，先后4次被判决死刑的念斌，终于得以无罪释放。

与近年来获法院改判的其他几宗典型冤案不同，例如 "张氏叔侄案" 和 "5青年劫杀出租车司机案"，"念斌案"的改判并非因为真凶出现，而是因为证据存在问题。为此，一些民众乃至直接参与办案的警方和检方，依然认定念斌就是真凶，而该案被害人亲属更是愤愤不平。因此念斌尽管已经走出牢狱，在法律意义上获得了清白之身，但可预料的是，他仍难免遭受种种质疑。

去年获得无罪改判的李怀亮就是他的"前车之鉴"。李的办案检察院在无罪宣判后，仍"嘴硬"地发布通报，坚称李有重大嫌疑；而尽管侦查工作也已重启，但一年多后，仍未见到案件侦破的消息，李怀亮虽怀揣无罪判决书，却至今仍得面对质疑声。

去年最高领导人提出"让人民群众在每一个司法案件中真正感受到公平正义"之后，多件冤案相继平反，这成为中国深化法治改革的前奏。在此背景下，已在《刑诉法》中确立多年的"疑罪从无"原则，终于得到重视，李怀亮、于英生、念斌三案都是这一法治原则严格适用的结果，在改判之时，真凶既未浮现，亡者也未归来，都属于"疑案"，而不是严格意义上的冤案。

可想而知，将来中国公共舆论场上，将有更多类似"念斌案"的争议——假如念斌是真凶，我们就这样放过他了？说好的法网恢恢呢？说好的"命案必破"呢？

有人将"念斌案"誉为中国的"辛普森案"，尽管真凶可能逃脱了，但程序正义却胜利了。美国著名的黑人运动员辛普森多年前因杀妻受审，由于证据瑕疵，以及美国纠缠不清的种族问题，辛普森最终被宣告无罪，但是民调显示，绝大多数美国人认为真凶就是辛普森。多年后，辛普森出版了一本书，书名叫作《假如是我干的：凶手的告白》。似是而非的书名俨然在嘲笑美国的司法制度，挑战公众的忍耐限度。

程序正义的观念在美国根深蒂固，因此尽管多数美国人坚信辛普森是真凶，却依然尊重判决结果，甚至认为这正是美国司法制度的美妙之处——所有人都有机会在法庭上纠正错误、追究犯错者。只不过，在"辛普森案"中，最终被追究的是涉嫌伪证罪的警官，而不是疑点重重的辛普森。

但是，假如辛普森是真凶，假如念斌是真凶，而我们的司法程序却让他们钻了空子，逃脱了法网，这样的程序还是正义的吗？如果程序总是（或是经常）成为实质正义的绊脚石，那么程序正义也就不美好了。然而，"辛普森案"终究是极端个案，很多情况下，程序正义与实质正义总是携手并进、相互促进。

去年平反的"于英生案"就是一个典范。于英生17年前被指控杀妻，虽然警方侦查所得的证据疑点颇多，最终仍被判无期徒刑。经过多年持续不断的申述之后，于英生最终因"证据不确实、不充分"而改判无罪。但是因为真凶未浮现，被害人的母亲依然认定于就是真凶，尽管他无罪释放了，仍对他敬而远之。幸运的是，仅仅过了几个月，警方重新侦查后，真凶落网，这才"证实"了于英生的确是被冤枉的，程序正义促成了实质正义的实现。

"于英生案"的启示既直白又显得有分量——经不起程序检验的正义不是可靠的正义。一句名言说：为了安全而放弃自由，最终既得不到安全又将失去自由。同样的，为了实质正义而放弃程序正义，最终既得不到程序保障又将难免冤案重重。

（原载于2014年第十九期《南风窗》。作者：叶竹盛）

摸着法律过河
——依法为官

"**局**长告民"是一个积极信号

关键词：官告民

　　因无法忍受访民胡连友、魏爱国在网上持续发帖，控诉自己存在涉黑、暴力执法等违法行为，湖南省东安县公安局局长郑航连同该局政委陈毅强、下辖派出所民警卿良杯，分别向当地法院起诉上述2人诽谤，要求他们道歉。胡连友和魏爱国坚称他们的言论属实。2012年2月16日，该案开庭审理。

　　这起已经形成一定社会影响的官民纠纷，不仅激起了围观民众对真相的渴求和追问，更大的一个看点或许还在于，它是对权力的理性与克制的一种考验。

对于官员，尤其是对执法部门的官员来说，被传言指为"充当黑恶势力保护伞"，无疑是极具杀伤力的。无论真假如何，都可能在事实上对其形象形成极大的污点。现实语境中，不能不说胡连友和魏爱国两人上网发帖的举动是冒着很大风险的。前车之鉴历历在目：有公务员因发短信质疑上级领导而入狱，有记者因正常的舆论监督而被跨省追捕，甚至有普通公民因醉酒在县政府大门前发了几句牢骚而被拘留……在此意义上，身为官员的郑航连等人没有利用手中的权力对其对进行压制和打击，而是诉诸法律，虽只是法治社会的应有之义，但仍然可以视为一种社会进步的表现。

官员与普通民众作为两个群体，有时候会因为利益诉求的不同而发生摩擦甚至冲突，这在所难免，尤其是当下我们正处于社会转型期。因此，官民之间有冲突有纠纷并不可怕，关键是通过何种方式来化解这些冲突和纠纷，用最小的制度成本来最大限度地降低这些冲突和纠纷的社会负面效应。在笔者看来，法律就是化解官员纠纷的最佳途径。

在以往的类似纠纷中，围观民众哪怕还不明真相，往往都会不自觉地站在"弱者"也即普通民众一边。这不仅是出于一种人性本能，更是源于一种现实体验：在一些权力不受约束的地方，官员阶层和普通民众处于完全不对等的地位，一旦官民之间发生纠纷，往往是真相难寻，甚至可能出现"权大于法""以权代法"的怪现象。通过法律手段来化解官民纠纷，让官员和民众平等地进行博弈，让独立的第三方即法院来做出判决，这是对公平和正义的最大呵护。

事实上，官员纠纷由法律来解决，无论是对涉事官员还是民众，都实现了利益的最大化。对官员来说，之前之所以处于舆论和民意上的弱势，就是因为手中拥有权力，而且这种权力很可能会影响到事件处理的公正。把问题交给法院，通过法律途径来解决，是最有效的自证清白，以此可以打消民众对官员阶层的偏见，无论最后结果如何，自能说服于人。而对民众来说，事件进入法律程序，就等于进入了公共视野，真相可以最大限度地披露，信息才可以做到充分的公开，从而保护自身的权益，有效避免权力的干预。

更进一步说，一些官员之所以不愿通过法律，而固执地选择权力特有的方式来解决官民纠纷，与其说是他们不知道这是一条最佳途径，不如说这暴露了一个真相：他们的所作所为根本经不起法律的考量。

（原载于2012年2月17日《新闻晚报》。作者：吴龙贵）

降低社会组织成立的门槛意义深远

关键词：社会自治

  2011年11月22日，广东省民政厅厅长刘洪在全省深化体制改革工作会议上就《关于广东省进一步培育发展和规范管理社会组织的方案》作起草说明。《方案》明确，从2012年7月1日起，除特别规定、特殊领域外，社会组织的业务主管单位将改为业务指导单位，社会组织直接向民政部门申请成立。与此同时，广东将引入竞争机制，积极推行"一业多会"，改变"一业一会"的垄断格局。

  可能很多人并不明白这其中的关键，请让我为您稍作解释。

这个新闻的中心思想是说，广东把成立社会组织的门槛降到了目前政策所能允许的最低点，也就是说，除了某些相当特别的领域之外，民间成立社会组织已经不是什么难事儿，并且不用再为自己的组织找一个主管单位当婆婆。从主管到指导，这可不是一个措辞的改变，而是从管理者变成了社会组织的服务者，是整个角色的改变。

我之所以对这个事表达了自本人写时政评论以来少有的赞扬，是因为终于有地方可以迈开这第一步了。这一步相当重要。

所谓"社会组织"，其实就是社会大众自我组织的各种团体之总称，您喜欢航模也好，喜欢捏泥人也罢，只要是攒上一帮有共同爱好的人成立一个专门协会之类，就都算是在社会组织的定义当中。而社会组织这种自发产生的组织形态，正好符合现代社会的构成，即民众自我组织与管理。并且在《宪法》上早就有相应的规定，民众有自发结社的权利。表现在具体形式上，就是这种成立社会组织的门槛降低。当然，这并不是说没有门槛，而是这个门槛已经降低到了可以使社会组织开始正常发展的程度。

公民自发的社会组织对于一个社会而言，是不可或缺的一部分，可以说没有蓬勃发展的社会组织，就没有社会进化的力量。首先，社会组织都是自发成立、自我管理的，从中可以学到很多组织活动的技巧与社会实践的内容，为社会

法治强则中国强

的自我管理与发展打下基础；其次，没有一个政府可以万能地、毫无遗漏地管理着社会，各种社会的边角都需要有充足的社会组织去填充，就像公益活动一样，官方即使能管大部分，还有很多是在他们能力与视野之外的，而这些领域就需要社会组织去补充。

最为重要的一点在于，当社会组织有了足够的发展之后，很多原本不可解的社会问题就有了解决途径，民间社会的充分发育，使得大家有了博弈的渠道。政府可以顺利转型为一个服务型的政府，与这种充分发育的民间社会达成互动，从下至上地改变社会的面貌。而一个充满各种社会组织的社会，也会教会公民责任感，小悦悦那样的事就很难再发生了。所以，降低这道门槛，并不会对现有的社会管理体系构成颠覆性的挑战，而是为其找到一条自新之路。

（原载于2011年11月24日《信息时报》。作者：五岳散人）

三公经费：请交出一个"负增长"的答案

关键词：三公经费

实现三公经费"负增长"是大势所趋。在2013年全国"两会"上，国务院总理李克强公开承诺，政府性楼堂馆所一律不得新建和改扩建，财政供养人员总量只减不增，"三公"经费只减不增。

连日来，各地政府在两会上纷纷表示，要严控本年度的三公经费，实现"零增长"。但在三公经费数目庞大、饱受社会诟病的现实下，"不升"并非成绩，"降下"才是趋势。

三公经费指的是因公出国出境费、公务用车购置及运行费、公务接待费。但长期以来，由于管理不善、监督缺位、暗箱操作等种种原因，我国的三公经费一直是腐败问题的多发易发区。而诸多大案要案证明，"'三公'腐败"仅只是官员贪腐堕落的第一步。

为了建立行为规范、运转协调、公正透明、廉洁高效的行政管理体制，加大反腐倡廉工作力度，2011年中央各部门首度向社会公开三公经费，地方各级政府陆续跟进，"三公经费零增长"的承诺也随之而生。

一个不容回避的现实是，随着社会进步，人们的民主意识、法制意识不断增强。社会公众目前已经不满足于三公经费"零增长"，更迫切希望三公经费"负增长"。在浙江省两会上，"拍砖"强烈要求降低三公经费的代表委员中，有现任官员、退休干部、大学教授、村干部，他们的呼声代表了民意。

从操作层面上看，三公经费实现"负增长"并非难事。浙江省温州市2012年6月出台了"史上最细"公务接待标准，全市半年公务接待费用下降了四分之一强。2012年中央本级三公经费财政拨款预算比2011年决算数减少了约15%。

实现三公经费"负增长"是大势所趋。

目前的三公经费数目正处于高位，而中央"八项规定""六项禁令"正在狠刹形式主义和奢靡之风，这都为进一步压缩三公经费提供了可能。

压缩三公经费是党政部门厉行勤俭节约、杜绝铺张浪费的必然选择，有助于消解公众对三公经费的疑虑，密切党群干群关系，从而以贯彻中央"八项规定""六项禁令"的实际效果取信于民。

（原文系2013年1月30日新华社电稿。作者：冯源）

取消一般公务用车将是车改最大成果

关键词：厉行节约，反对浪费

取消一般公务用车，这项改革将遭到来自"公车利益群体"的强烈反弹和巨大阻力，但无论什么样的困难和障碍，都不能成为改革缩水或倒退的理由，只有坚定迈出取消一般公务用车这一步，社会各界寄予厚望的公车制度改革，才能实现节约财政资金、助推廉洁从政的目标。

中共中央、国务院近日印发《党政机关厉行节约反对浪费条例》（简称《条例》），其中规定，坚持社会化、市场化方向改革公务用车制度，改革公务用车实物配给方式，取消一般公务用车，保留必要的执法执勤、机要通信、应急和特种专业技术用车及按规定配备的其他车辆，普通公务出行实行社会化提供，适度发放公务交通补贴。

《条例》规定取消一般公务用车，击中了长期以来公务用车管理机制和利益格局的要害，是推进公车改革的突破性进展。我国的公务用车主要包括省部级领导干部专车、一般公务用车和执法执勤用车（包括机要通信、应急和特种专业技术用车等）三部分。按照中央规定，省部级及以上领导干部可以配备专车，主要是为了体现国家礼仪和方便省部级官员的实际工作，故这部分公车不在车改之列，至少不是车改的主体内容。执法执勤用车用于执法执勤、机要通信等特殊领域或专门工作，需求上具有刚性，数量比较有限，监管措施比较严格，监管成本不会太高，故这部分公车也不应纳入车改范围。排除上述两部分公车，一般公务用车就成为公车改革的重点内容，公车改革能否取得成功，关键就是要看能否把一般公务用车管住管好。

长期以来，一般公务用车泛滥失控，是"三公"经费居高不下、公车腐败愈演愈烈的重要原因。这主要表现为三种情况：一是公车购置超标，随便一个县处级单位或乡科级单位，就胆敢购置四五十万元的豪华车辆；二是公车配备超标，一些地方和部门无视中央关于省部级以上干部才能配专车的规定，小小一个处长、科长就胆敢配备事实上的专车；

三是公车私用严重，"公车1/3用于公务，1/3用于官员私事，1/3用于司机私事"的现象大量存在。针对这些情况，职能部门采取的治理公车腐败的措施，无非是加强对公车购置、配备和使用的监管，包括从预算上严格控制公车购置和运行费用，对超标购置、配备公车的部门和单位进行处罚，动用GPS等技术手段监控公车使用，严密防范、严肃惩治公车私用行为等等。

但是，各地治理公车腐败收效并不理想。究其原因，主要是由于一般公务用车数量持续膨胀，其使用者已经发展成为一个庞大的"公车利益群体"，超标购置、配备公车和公车私用等违规行为尾大不掉，而且随着一般公务用车数量不断扩大，违规购置、配备、使用公车的行为日渐泛滥，对违规行为的监管成本也不断提高，难度不断加大，在一些地方和部门，已经形成"公车数量越多—违规行为越普遍—治理难度越大—公车数量越多"的恶性循环。

有鉴于此，《条例》规定取消一般公务用车，这是一项釜底抽薪式的重大改革——取消一般公务用车，等于取消了公车违规购置、配备、使用等公车腐败行为的载体，也"取消"了监管公车的成本和惩治公车腐败的难度。从《条例》的表述看，"取消一般公务用车"是一个明确的全称判断，没有留下"逐步取消""原则上都要取消"之类的回旋余地，这意味着，中央届时将下达统一的"取消令"，规定在某个时间段之内，各地各级党政机关及所有由财政拨款购置运行公车的单位，所有的一般公务用车都必须取消，改由市场化、社会化渠道提供公务出行服务。

　　无条件取消一般公务用车，将是我国公车改革取得的最大成果。不难预计，这项改革将遭到来自"公车利益群体"的强烈反弹和巨大阻力，但无论什么样的困难和障碍，都不能成为改革缩水或倒退的理由，只有坚定迈出取消一般公务用车这一步，才能真正走出公车治理的恶性循环，社会各界寄予厚望的公车制度改革，才能实现节约财政资金、助推廉洁从政的目标。

　　（原载于2013年11月26日《北京青年报》。作者：姜兆尹）

"强拆官员"被判刑的积极意义

关键词：强拆获刑

　　安徽阜阳市颍州区原副区长曹颖章指使开发商强拆民房，一名屋主因不堪其辱，买来农药意图自杀，结果变成植物人。2010年4月19日，曹颖章被颍上县法院以滥用职权罪判刑，因同时犯有受贿罪，两罪并罚执行有期徒刑11年。

　　我们终于看到有"强拆官员"被判刑了！这是本案的积极意义所在。

　　官员因为贪污受贿而被判刑，人们早已见怪不怪。特别是随着近几年国家反腐力度不断加大，级别更高、贪腐数额更大、被判刑更重的官员屡见不鲜。一个副区长，区区10万元的受贿额，已经无法吸引公众的关注了。而官员因强拆被判刑，在全国范围内却少之又少，与近年日益增多的暴力拆迁和非法拆迁在一些地方酿成恶性案件，导致民怨迭起这一现象形成鲜明对比。对非法强制拆迁的官员实施刑事处罚，有效遏止非法拆迁侵犯公民合法权益的现象，不仅是社会各界强烈呼吁的焦点，更是广大群众的迫切愿望。

近年来，各地城市化建设步伐不断加快，一些地方政府加速城市改造和"经营城市"的心情非常迫切，低价征收拆迁、高价出让开发的热情高涨，加上我国现行法律法规之间的明显冲突，最终导致地方政府与拆迁户之间的尖锐矛盾。特别是个别地方企图绕过法定途径，擅自动用行政强权，在未达成拆迁补偿协议的情况下，就对房屋实施强制拆除，遇到了拆迁户的激烈抵抗，发生了不少被拆迁人自焚之类的恶性事件。然而，拆迁户的"暴力抗法"往往会受到迅速处罚，而官员实施的非法强拆，即使引发巨大财产损失和人员伤亡，也往往因为有权力这个护身符而不了了之，即使受到处理也会大事化小，轻描淡写了事。近期就有媒体报道，江苏东海、盐城，北京海淀，山东胶州，福建泉州，黑龙江东宁先后发生拆迁户自焚，湖北武汉的拆迁户被铲土机活埋，当地官员无一人被问责；即使是"唐福珍事件"中被停职的科级干部，日前亦官复原职；这些强拆事件中，官员受刑事处罚的更是没有。

安徽阜阳市开了先河，它让一位副区长因为非法强制拆迁而获罪，让人们看到了法律遏止非法强拆的希望。不过，笔者也有疑问，曹颖章的滥用职权并不限于非法强拆规划范围内的房屋，还强拆了规划红线以外的房屋，更为严重的是曹还因为强拆收受贿赂，假如曹颖章没搞红线外强拆并涉嫌受贿，他的非法强拆还会受到刑事追究吗？笔者的疑问显然并非多余和无理取闹，因为我们看到其他地方发生的类似事件，同样是非法拆迁，同样造成巨大财产损失和人员死亡的严重后果，却只对相关官员免职了事，并未看到追究刑责，甚至连其他行政处分都没有。这难道仅仅因为地域差别吗？

终于看到非法强拆官员被判刑了，这应该是值得高兴的事，但同时人们也存在担忧和疑问：非法强拆官员负刑责，何时不再具有偶然性？

（原载于2010年4月22日《中国青年报》。作者：李克杰）

废除劳教：完善法治的重要一步

关键词：废除劳教

　　公安机关无须经过法院审判程序，即可将尚不构成犯罪的违法之人投入劳教场所，限制人身自由长达一至三年，必要时甚至可延长一年。我国的劳教制度之所以在较长时期内饱受诟病，完全在于其从内容到形式的不合法和不合理。2013年12月28日，十二届全国人大常委会第六次会议通过决定，正式废止劳教制度。

　　根据党的十八届三中全会有关废止劳动教养制度，完善对违法犯罪行为的惩治和矫正法律，健全社区矫正制度的《决定》精神，近日全国人大常委会通过了废止劳教制度的决定。

这意味着深受质疑且在中国适用长达半个多世纪之久的劳教制度从此正式"寿终正寝"。废除劳教制度无疑是我国建立和完善法治社会的重要内容，也是当下司法体制改革范畴中最具突破性的举措之一，其意义不应低估。

追根溯源，我国的劳教制度实际上是从前苏联引进的。据考证，劳动教养制度的原型即为列宁时代的"劳动营"，全称是"苏联劳动改造营业总管理局"。新中国建立后，我们引进了前苏联的这一制度，并将其演变为我国独有的一项行政处罚制度。应该看到，劳教制度施行50多年来，确实教育挽救了一批危害社会治安秩序的违法人员，对社会秩序和社会稳定的维护起到了重要作用。但是，劳动教养制度的实质在于：公安机关无须经过法院审判程序，即可将尚不构成犯罪的违法之人投入劳教场所，限制人身自由长达一至三年，必要时甚至可延长一年。由此不难看出，我国的劳教制度之所以在较长时期内饱受诟病，完全在于其从内容到形式的不合法和不合理。

首先，劳教制度违反了《宪法》和《立法法》的规定，严重损害宪法法律权威。《宪法》第三十七条规定了，任何公民非经人民检察院批准或者决定或者人民法院决定，并由公安机关执行，不受逮捕。劳教制度中公安机关不经检察院批准或决定，也不经人民法院审判，便可随意对公民人身自由限制长达数年之久，这比"逮捕"严厉得多。可见劳教制度的存在实际上已经严重违宪。就目前有关劳教制度的立法文件而言，其最高位阶的立法仅是由国务院制定的行政法规。然而，《立法法》第九条规定了限制人身自由的事项必须且只能由全国人大及其常委会通过制定法律加以规定，并且排除了"国务院根据实际需要先制定"的情形。因此，劳教制度不仅严重违宪而且没有支撑其合理存在的法律依据。

其次，劳教制度的存在导致了违法犯罪行为惩罚机制的混乱。在社区矫正作为一种刑罚执行方式被写入《刑法修正案（八）》之后，其与劳教制度的并存会导致这样一种现象出现，即有罪之人有可能被社区矫正（非监禁）而不被剥夺人身自由；一般违法者则可能会被适用劳教（监禁）而较长期被剥夺人身自由。这种情况不仅会导致违法与犯罪不同惩罚机制和方法上的颠倒和混乱，而且也与我国刑法中罪责刑相适应的基本原则相悖，同时，在某种程度上，对一些违法者还会起到"鼓励犯罪"的心理暗示作用。

最后，在劳教案件中，公安机关集审批权、执行权于一身，既当运动员又当裁判员，此种角色定位与制度设计实在难保公平正义。劳教制度的权力运作因其缺乏必要的监督与制约而当然无法达到程序正义，在实践中，极容易导致权力的滥用，进而严重损害公民的个人权利。

可见，劳教制度已到了不得不废的时候。当然，废除劳教制度应当注意两方面问题：一是劳教制度的废除必须依照相应的法律程序。劳教制度应由全国人大常委会废除。本次人大常委会的决定明确：劳教制度废止前依法作出的劳教决定有效；劳教废止后对正在被依法劳动教养的人员，解除劳动教养，剩余期限不再执行。二是劳教制度的废除应与其他相关制度改革完善同步进行。这就意味着我们需要对刑法、刑事诉讼法、治安管理处罚法、行政法、行政诉讼法等法律中的不少条款进行重新修改和完善，以便对原来属于劳教的对象进行分流处理。

劳教制度废除后，或许会被其他惩罚制度取而代之。然而，无论采用何种制度，也无论对何种制度进行改革完善，以取代原有的劳教制度，我们都应该彻底摒弃隐藏在劳教制度背后的潜意识：即由公安机关等行政机关一家独断的观念。做好权力的分工和制约，防止其他替代性措施重蹈劳教制度覆辙，是我们工作的当务之急。当下，在劳教制度废除后，我们应该防止出现另外一种超越宪法法律的惩罚制度，特别是要避免"换新瓶、装旧酒"的情况再现。劳教制度被废除后，各级行政部门在失去了这一用惯且有利治理社会的"工具"时，可能感到很大程度的不适应，甚至可能会想办法通过其他方式加以"弥补"。对于这些可能出现的现象，我们应当高度重视并坚决予以杜绝。特别是在进行相应的制度设计时，一定要充分认识到原劳教制度给公民基本权利带来的严重危害，在限制行政权力过度行使的理念下，设计合理的制度，以真正做到"将权力关进制度的笼子里"。

（原载于2014年1月6日《解放日报》。作者：刘宪权）

"民告官"胜诉率：
在差异中寻找改革进路

关键词："民告官"胜诉率上升

近年来，国内多地"民告官"胜诉率呈上升趋势，与此相对应的是，行政机关的败诉率上升。广东省高院公布的数据显示，2013年广东新收9079件行政诉讼案，较上一年增长18%；行政机关败诉率为10.4%，同比提高了0.5%。2014年新收12677件行政诉讼案，较上一年增长了39%；行政机关败诉率为14.2%，同比提高了3.85%。

财新网报道，12月9日，山西省高院发布的数据显示，去年山西省行政诉讼一审案共1369件，审结1296件，行政机关败诉率"高达"

摸着**法律**过河
——依法为官

21.84%，数据大大超过了全国平均水平。媒体借此梳理各省份数据发现，去年全国行政诉讼胜诉率平均不到10%，但河南、安徽、山东等地却已达三四成，"呈现出了明显的地域差异"。

这是一组颇耐人寻味的数据，公众似乎已经习惯了用"高达"这样的夸张表述放在一些事实上并不算高的百分比之前。此前，甚至有"民告官案件胜诉超一成"这样的新闻标题出现过。"民告官"是社会对行政诉讼案件的通俗称呼，在一种诉讼形态的称呼上如此突出诉讼主体的社会身份——民与官，已经很能说明中国行政诉讼的当下状况。值得注意的是，相较民事诉讼、刑事诉讼而言，似乎也只有行政诉讼的一方胜诉率被如此密集地关注和反复统计，"民告官"胜诉率甚至成为一项衡量司法运行状况的关键指标。

据公开的数据显示，去年以来，多省份行政诉讼案件均大量增加，其中北京法院2013年受理的各类行政案件首次"破万"，2014年截至6月份受案量已达11741件，同比上升了157.9%。各地不同程度的收案数量增长，或可视为行政诉讼"立案难"问题得到某种程度的解决。与此同时，"民告官"的胜诉率呈现出较为明显的地域差异，河南41.27%、安徽30.48%、山东29.9%，加上此次披露的山西21.84%，四地"民告官"胜诉率远远超出全国平均水平。此外，北京、广东2013年数据分别为12.1%、12.8%，而上海2014年1月到8月的数据则只有5.32%。

零星收集、梳理的各类相关数据，其详细程度并不高，可能无法据此得出最终结论。但"民告官"数据的这一地域差异现象，依然值得更深入的调研、数据汇总、分析与研讨。更全面、权威、详尽的数据汇总与分析，也会有助于行政诉讼的良性运转。

而单薄的数据之下，则存在更多数据生成的可能性。此前曾有媒体披露，某县法院创设所谓"5%审判原则"，即对那些只占全部行政诉讼案件5%的、以县政府为被告的案件，一律判县政府胜诉，以此换取县政府不干预其他乡镇级95%的行政案件的依法审判。从中一方面可见司法排除干扰、独立审判的艰难，另一方面也让人对"民告官"胜诉率的统计与求得过程，抱有更多忧虑：突然升高的"民告官"胜诉率，是否也存在类似的不得已妥协原则？更何况，到底还有多少该走诉讼程序的官民纠纷被挡在法院大门外，新刑诉法施行后会否出现"民告官"案件的爆棚，颇值得进一步观察。

统一的司法制度之下，"民告官"胜诉率为什么会有差异如此大的数据？本应正常的思考路径或许是，政府败诉率高，则当地依法行政的程度不够，有待改进；反之则地方政府的依法行政能力较强，政府依法办事从而获得司法认可。但事实上却是很难用这种相对更正常的思路去看待当下的数据，"民告官"胜诉率高低，反倒被视为司法机关排除干扰能力强弱的关键指标。导致上述"更正常的思路"无法奏效的最主要原因在于，司法机关依法独立行使审判权的能力、程度与可能性不足。行政诉讼政府胜诉高，可能原因多样，甚至或许也有一些原告理据不足、参与诉讼能力差的原因，但法院判政府败诉的底气不足却一定是最主要的原因所在。

正是基于这样的现实情况，《行政诉讼法》修改被寄予了更多期待，借由法律修改从而推动行政诉讼"立案难，胜诉难，执行难"的多重困境，事实上同时也是政府推动依法行政所必须直面的考验。让"民告官"数据回归数据本来面目，更全面、更详尽地反映它本该反映出的问题、现象，成为衡量政府依法施政的科学指标，乃至让各地司法机关在"民告官"胜诉率上有法律范畴下的某种竞争，最终都有赖司法从制度层面真正排除干扰、依法独立行使职权，以及党政权力的被羁束、被驯服。一个纯粹数据问题的求解与复原，牵出的可能是整个司法体制变革的宏大命题。

（原文系2014年12月13日《南方都市报》社论）

取消信访排名，让法治归位

关键词：从信访到信法

　　受畸形政绩观的驱使，"围追堵截""掏钱买稳定""被精神病"及各种违法乱纪行为应运而生。同时，正是一些人看透了官员害怕信访的软肋，于是"闹大维权""信访不信法"成了挥之不去的社会怪胎。因此，终止信访排名，有助于信访工作步入正常化、法治化的轨道。

　　我国信访制度正在进行重大变革。《新京报》记者近日从权威部门获悉，国家对各省市不再搞全国范围的信访排名、通报，有关部门已确立了"把矛盾化解在当地"的新思路。

信访排名，原本是对"稳定压倒一切"的认知产物，意在通过对各地赴京信访量的多少排序，倒逼各级政府重视信访、致力于社会稳定。但曾几何时，良好的初衷却被异化为"数字游戏"和"政绩工程"，并由此诱发出"拦访""截访"等社会怪象，甚至发生了地方政府在京雇佣"黑保安"，设置"黑监狱"的恶性事件。

　　"稳定压倒一切"的道理并没有错，但把"稳定"解读为没有"案件"和没有"信访"，却是严重背离实事求是原则的。信访作为公民的法定权利和正常现象，任何时候都不可能销声匿迹。衡量一方"稳定"的评判标准，不是看发生了多少信访数量，而应当是看民众的民主权利是否得到保障，合理诉求是否得到了及时解决。

　　在信访排名的语境下，信访数量成为各级官员十分敏感的心腹之忧。受畸形政绩观的驱使，"围追堵截""掏钱买稳定""被精神病"及各种违法乱纪行为应运而生。同时，正是一些人看透了官员害怕信访的软肋，于是"闹大维权""信访不信法"成了挥之不去的社会怪胎。因此，终止信访排名，有助于信访工作步入正常化、法治化的轨道。

　　当然，取消信访排名决不意味着信访工作的"地位"下降和重要性趋轻。事实上，不管排名与否，为民排忧解难都是各级官员的职责使命，"稳定一方"永远都是社会发展、人民幸福不可或缺的重要前提。笔者多年从事信访工作的体

法治强则中国强
卷一

会就是，减少越级上访，关键要把百姓"吸引"在当地；而踏踏实实应对矛盾的诚意与智慧，才是赢得民心的法宝。

　　信访排名取消与信访秩序规范，并非此消彼长的因果关系。让信访工作回归法治渠道，还需强化对信访行为和信访处理的制度规范与践行。也许，施行中央与地方、上级与下级之间的"点对点"通报制度，凸显了信访工作的务实性与针对性，但是，对漠视民生、懈怠职责，甚至悖逆人权、违法办案的行为，依然需要依法问责的制度惩戒。

　　　　　（原载于2013年11月12日《信息时报》。作者：张玉胜）

摸着**法律**过河
————依法为官

更好地落实税收法定原则

关键词：税收法定

税收法定原则，是指国家征税要通过立法机关，通过明确的法律规定来征收。现在中国有18个税种，其中仅有3个是全国人大立法征收的，即个人所得税、企业所得税和车船税。党的十八届三中全会明确提出，落实税收法定原则。十八届四中全会也对此作出了相关要求。

党的十八届四中全会对全面推进依法治国做出战略部署，描绘了建设中国特色社会主义法治体系，建设社会主义法治国家的宏伟蓝图和远景目标，并明确提出，健全有立法权的人大主导立法工作的体制机制，明确立法权力边界。这为更好地落实税收法定原则，提供了契机。之前的党的十八届三中全会也明确强调，落实税收法定原则。这是完善我国法律体系、实现依法治国的重要途径。但是从现实情况看，这项任务的落实还十分艰巨。为此，必须加快税收立法进程，切实贯彻依法治国。

"法令行则国治，法令弛则国乱"，法律体系是国家治理体系的重要组成部分，法治能力是最重要的国家治理能力。当前，我们党面对的改革发展稳定任务之重前所未有，矛盾风险挑战之多前所未有。新形势下的新机遇、新挑战，决定了我们必须高举法治大旗，坚持从中国实际出发，走中国特色社会主义法治道路，以法治引领深刻的社会变革既生机勃勃又井然有序。可以说，依法治国是历史的必然规律。全面推进依法治国，是十分庞大和复杂的系统工程，在这一过程中，必须以法治方式处理好国家与纳税人、立法与行政、中央与地方等多维度的关系。

值得注意的是，税收是其中一个至关重要的领域，是最敏感的社会"神经线"。处理得稍有不慎，便可能影响社会的稳定。因而更加需要以法律来科学界定各方关系，从而实现纳税人依法纳税、征税机关依法征税、国家依法取得财政收入，推进依法治国的进程。

在税收领域，税收法定原则在学术界讨论还是很多的，它指的就是国家征税要通过立法机关，通过明确的法律规定来征收。现在中国有18个税种，其中有3个是全国人大立法征收的。税收立法是全国人大的法定权力，这3个税种包括个人所得税、企业所得税和车船税。其他的15个税种，目前是全国人大授权国务院通过制定税收的暂行条例来征收的。这种做法在我们国家的税收制度建立的过程中，发挥了非常重要的作用，其形成有历史特殊性。在改革开放初期，全国人大常委会和全国人大授予国务院拥有税收设置的权力，在当时具有一定的必然性和合理性。但这一现行税收授权立法方式有利有弊，随着经济社会的发展，依法治国理念和实践在深化，必须用明确的立法规范税收行为，这个超长时间的"授权"，确已到了需要变革的时候。党的十八届三中全会明确提出，落实税收法定原则。党的十八届四中全会也对此作出了相关要求，明确提出，健全有立法权的人大主导立法工作的体制机制，发挥人大及其常委会在立法工作中的主导作用。

　　立法与改革应当是相辅相成、互相促进的。当前，我们正处在改革转型的关键时期，落实税收法定原则，已成当务之急，意义重大。其一，坚持税收法定原则，符合我国宪法尊重和保障纳税人基本权利的精神，符合建设法治中国的发展趋势，是推进依法治国的题中应有之义。其二，实现税收法定，可以避免征税的随意性；推进税收法定，有利于更好地保护纳税人的切身利益。对于当前社会上广泛关注的房地产税、环境保护税等税种的立法工作，严格的立法进程会减少不必要的阻碍和利益纠葛。其三，坚持税收法定原则，也符合市场经济对税法的权威性与稳定性的客观需要，对保障公民财产权益、维护社会经济稳定，促进收入公平分配具有不可替代的重要意义。其四，税收法定对纳税人同样也是一种约束。

近年来，随着我国民主法治建设的推进，特别是立法制度的不断完善，相关条件已经基本成熟，但落实税收法定原则是一个严肃、系统的过程，"牵一发而动全身"，建立完善的税法体系不是在朝夕之间能完成的，需要顺应我国经济社会的发展变化，循序渐进。比如，要求短时间内将所有税种都进行立法，可能并不现实，更为理性的选择是分清轻重缓急，将条件相对成熟、社会关注度最高的税种先行立法，这也符合市场经济对税法的权威性与稳定性的客观需要，同时能更好地保障公民财产权益、维护社会经济稳定、促进收入公平分配。因此，进入新的时期，要更好地贯彻和落实税收法定原则，需要把握好以下几个要点：一是要推动税收暂行条例能够上升成为法律，尤其是一些经过实践检验比较成熟的、具备立法条件的，要尽快推进。二是要加强对新税种的立法工作。譬如，社会上比较关心的房地产税、环境保护税，等等。总之，更好地落实税收法定原则、建立完善的税法体系，是民之所望，尽管存在着巨大的挑战，但只要全社会在认识和决心上达成一致，劲往一处使，就一定能够在这方面取得重大突破，从而更好地推进依法治国进程。

（原载于2014年11月26日《经济日报》。作者：曹静韬）

履 职手腕姓铁，不姓软

关键词：铁腕执法

因胶济铁路客运专线未经环境验收就投入运行，2011年4月25日，环保部下达《督促履行通知书》，督促该公司停用该专线工程。一个月后的5月18日，环保部发出通告，责令天津至秦皇岛的高铁客运专线停建，原因是该项目建设地点部分发生改变，未重新报批环评文件。

很惊奇，正在建设中的天津至秦皇岛高速铁路，居然被环保部给叫停了。《新京报》的消息称，这是自上个月环保部因环境审批问题督促胶济铁路客运专线停用后，再次叫停高铁项目。根据环保部的通告，津秦高铁建设地点部分发生改变后，未重新报批环评文件，因此被责令停建。

我以为，环保部如此强势的履职行为会赢得公众赞赏，结果却发现，大多数网民给予了相反的评价：有人说高铁是民生项目，环保部叫停它们属于该管的不管；有人说叫停这些项目会延误工期，造成资金浪费；有人甚至说环保部此举是为了吃拿卡要，或其他利益。

看来，人们对环保部门的成见比较大，上述想当然的评价，大概也属于惊奇心理的一种表现形式：不相信环保部门有这样的铁腕。逼停事关民生的公共项目，这事儿有位香港老太也干过，但她却获得了大陆民众的一致好评。上个月，有媒体报道称，香港66岁老太朱绮华质疑造价700亿的港珠澳大桥没有评估臭氧、二氧化硫及悬浮微粒的影响，于是就大桥香港段的环评报告申请司法复核。香港高院随后裁定环保报告无效，大桥因此停工。对于大桥造价可能因此上涨5%，似乎没人认为是浪费；对于整座大桥可能因此无法如期完工，人们则认为，与维护法制及环境相比，那是次要的。

人们在赞扬香港老太及香港法制之时，多么希望内地也出现类似版本的故事。现在环保部演绎了这段故事，民意的反应却出人意料。显然，公众舆论的评价反差，是基于咱们环保部门的以往表现不尽如人意，甚至显得还不如一个老太太。譬如，企业违法排污，没有管好；大气污染问题，依然严重。但思维定势这种东西，是比较容易导致误判的。我虽不太认可铁腕治理的优越性，但对有些部门偶尔运用铁腕来改变一下自身形象，则并不反对。近段时间，环保部几次令人耳目一新的动作，大致上可说明，它并非"该管的不管"，譬如对浙江德清县血铅超标事件，处理起来还是挺迅速果断的：对浙江湖州市实施全面区域限批，暂停该市所有建设项目的环评审批，取消德清县生态建设示范区资格。

不管怎么说，环保部毕竟是政府部门，履行工作职责，不该有铁腕与手软之分，依法叫停不符合环境要求的项目，自然也没必要大声叫好。不过，在我们的特色之下，环保部门叫板重点建设项目，确实还是新鲜事儿。虽说政府部门的责任意识绝不应该比一个普通公民逊色，但其实，政府部门也有力不从心的时候。

譬如，环保部叫停了两个高铁项目，但这两个项目是否真的应声而停，尚不得而知。至少胶济铁路客运专线没有停。该专线未经验收就投入运行，环保部早在2009年就已向运营方发出了通知；随后该部将"责令停止使用"处罚缓期至今年3月31日；到4月25日，环保部再次发通知，督促该客运专线在5月31日之前停止使用，否则将"申请法院强制执行"。

这个现象说明了什么呢？说明了，制度的威信若得不到保障，环保部门不见得就比香港老太更强势，起码人家说叫停就叫停了。所以很多时候，弱势者要干一件很强势的事儿，是非常不容易的。

（原载于2011年5月20日新华社《现代快报》。作者：椿桦）

停止死囚器官捐献 体现法治关怀

关键词：死刑犯人权

摸着法律过河
——依法为官

2015年1月1日起，我国全面停止使用死囚器官作为移植供体来源。当前我国器官移植65%源于死囚器官捐献。如此背景下，停止使用死囚器官，无疑会加剧器官移植的紧张形势。面对的局面越复杂，越能体现法治的力度。社会的边缘人不应天然地沦为法治的局外人。宪法保障公民的人格权利不受侵犯，死刑犯亦然，其器官不能被任意剥夺。

近日，中国人体器官捐献与移植委员会主任委员、中国医院协会人体器官获取组织联盟（中国医院协会OPO联盟）主席黄洁夫在中国医院协会OPO联盟昆明研讨会上宣布：从2015年1月1日起，全面停止使用死囚器官作为移植供体来源，公民逝世后自愿器官捐献将成为器官移植使用的唯一渠道。

我国是世界上器官捐献率最低的国家之一，同时，死囚器官又是器官移植的重要来源，据统计，当前我国器官移植65%源于死囚器官捐献。如此背景下，停止使用死囚器官，无疑会加剧器官移植的紧张形势。

面对的局面越复杂，越能体现法治的力度。死刑犯的器官捐献，从程序上来说需要本人或家属同意。但从一些媒体曝光看，死囚和家属的权利保障机制十分脆弱，不乏"被捐献"的情况。然而，社会的边缘人并不应天然地沦为法治的局外人，宪法保障公民的人格权利不受侵犯，死刑犯亦然，其器官不能被任意剥夺。该项政策的出台，无疑是宪法权威的应有体现，体现了一种法治关怀。

有观点以为，以死刑犯必然被剥夺的生命，去挽救可能被挽救的生命，这样的做法符合经济理性。而且，在当前捐献率较低，自愿捐献还未成为常态的情况下，骤然停止使用死囚器官未免操之过急。然而，符合经济理性并不意味着符合道德伦理，更有可能与法治正义相悖；现实困境也不能由死囚的基本权利来埋单，法治的贯彻应当是无条件的，法律刚性不应为一时压力而发生曲折。而从另一个角度看，如果不堵上使用死囚器官的漏洞，在巨大的利益诱惑之下，器官移植的黑市就不会消失，器官捐献的激励机制就难以激活，建设合理取用、分配器官的制度也会缺乏动力，最终会导致我国器官移植的野蛮化和无序化，不利于患者得到有效救治。

在国际上，器官移植的供体短缺也一直是个难题。为了鼓励遗体捐献，一些发达国家出台一系列鼓励措施，包括物质层面的奖助。在器官分配方面，也制定了一套透明、公开的分配制度，便于公众监督。政府还和公益组织密切合作，进行长期宣传，以破除社会偏见、提高公众认识。近些年，我国相关的制度建设也在提速：2007年出台了《人体器官移植条例》，规范了捐献器官的分配过程，要求公正、透明、可溯源；2013年，全面启动公民逝世后自愿捐献原则。但总的来说，相关制度仍有待完善，尤其是如何尽快提升公众的捐献意愿，这需要社会各界的大力呼吁和激励机制尽快完善到位。

停止死囚器官捐献，不仅保障了死刑犯的基本权利，也是一次面向全民的法治教育，只有让公众心中都深耕法律精神，才能为随后的制度建设和养成互帮互助的公民意识铺平道路。

（原载于2014年12月15日《光明日报》。作者：王易之）

未核准吴英死刑
体现法律进步

关键词：舆论监督

　　古语云"治乱世，用重典"，但问题是这个"重典"不是"治民"，而是"治官"。老百姓是不愿意社会动乱的，也不是社会动乱的主要原因。很多乱子往往是因为官出了问题。从吴英案这次的结果来看，应该说舆论监督起到了很大的作用。民意在此案中的高度一致，值得我们反思。吴英案也证明一个事实，即推进国家法治建设，人民不仅有权利，有能力，也有责任。

　　4月20日，最高人民法院未核准吴英死刑，案件发回浙江高院重审。备受关注的吴英案在舆论和民意的反对声中得到现在这个结果，可以说是"舆论监督"的范例，也体现了法律进步。

不少人有一个误区，认为对于法院正在审理的案件，人民不能评论，媒体不能干扰审判。其实，我国法律从来就没有这么一条规定。公开审判的目的，就在于让人民公开看、公开评，让人民进行监督。对于正在审理或已经审判的案件，人民有权利批评，并且可以反复地批评。从吴英案这次的结果来看，应该说舆论监督起到了很大的作用。

公众的声音，决不能被轻易地视为法盲的声音。公众的声音表达了一种社会情感、一种社会观念，或者说是一种社会直觉。在吴英案上，社会公众有自己的判断。我们在一些重大案件，应该保护人民和媒体的评判权。公正的审判决不会畏惧公众的言论。

我们需要讨论一下民意和司法的关系。死刑判决需要考虑到人民群众的感受。问题是如何判断什么是人民群众的感受？在吴英案中，的确是有不少群众通过媒体发出呐喊声。在别的案件上，莫非也要用这样的方式吗？不能将公正审判依赖于舆论救人。应当反思如何完善制度，使死刑判决更慎重。搞法律研究的人士都知道，世界上大多数国家，都实行了陪审制度。考虑到与世界法律文明的接轨，中国也应与时俱进，积极考虑如何设立并完善陪审员制度。一方面减轻法官压力，另一方面让人民群众的意愿有合法渠道进入法院。

而在死刑问题上，具体到这次吴英案的死刑在最高院复核未通过，可以看出中国目前对死刑的判决，持越来越审慎的态度。可以说，这也是法律进步的一种表现。

有一种流行的错误看法，就是认为中国的老百姓比较喜欢死刑，喜欢残暴，吴英案反映的事实正好相反。我国历史和各国经验证明，重刑和苛刑，并不能解决社会问题。有些人对重刑有迷恋，这种迷恋应该消除。古语云"治乱世，用重典"，但问题是这个"重典"不是"治民"，而是"治官"。老百姓是不愿意社会动乱的，也不是社会动乱的主要原因。很多乱子往往是因为官出了问题。因此，治理社会不能依靠重刑，不能靠打压，而应重在疏导。

进一步来看，如果说一个规则非要用重刑来推行的话，那只能说明这个规则本身出了问题，而不是人出了问题。好的规则，好的法律，其实是符合社会规律的，它不需要强力执行。

中国的刑罚本身比较重，我们开始慎用死刑是对的。目前吴英案这一结果，从网上民意来看，是广受支持的。民意在此案中的高度一致，值得我们反思。吴英案也证明一个事实，即推进国家法治建设，人民不仅有权利，有能力，也有责任。

（原载于2012年4月21日《环球时报》。作者：何兵）

拿掉GDP紧箍咒，更要按下改革快进键

关键词：淡化GDP

在"一快遮百丑"的速度迷思之下，政府角色错位、低效投资、重复建设、环境破坏与资源浪费等弊端日益显现。发展"指挥棒"的调整，有助于地方政府和官员"放下包袱、轻装上阵"，为政府自身改革和职能转变腾出手脚，为市场在资源配置中起决定性作用开辟空间。

日前召开的上海"两会"，政府工作报告首次取消了GDP增长的具体目标。而在此前召开人大会议的多个省份，大都调低了今年的GDP增长目标。经济新常态下，发展思路和政

绩考核淡化"以GDP论英雄"是势所必然，以更大的决心和勇气推进深化改革、以深化改革带动经济发展提质增效正日益成为各方共识。

强化GDP增长的考核、评价、排名等，一度是各地通行的激励约束做法，成为套在地方政府和官员头上的一道"紧箍咒"。在"一快遮百丑"的速度迷思之下，政府角色错位、低效投资、重复建设、环境破坏与资源浪费等弊端日益显现。经济发展进入新常态，意味着以往拼资源比投资、重速度轻质量的粗放型增长已经不可持续。淡化GDP增长目标和相关考核，既是尊重经济发展客观规律的必然要求，也是各地认识新常态、适应新常态、引领新常态的题中之意。

发展"指挥棒"的调整，有助于地方政府和官员"放下包袱、轻装上阵"，为政府自身改革和职能转变腾出手脚，为市场在资源配置中起决定性作用开辟空间。各地应进一步加快转变发展方式，摒弃急功近利的短视行为，为绿色发展、特色发展和可持续发展探寻新路；进一步加大简政放权力度，破除部门利益羁绊，把该放的权力放到位；进一步理顺政府与市场之间关系，减少"有形之手"对经济微观领域的干预，着力创新制度平台和优化软环境。

不管是对地方政府还是行业企业而言，适应新常态都意味着挑战和考验。面对比较优势弱化、经济下行压力增大等当前困难，我们一方面应坚持"发展是第一要务"不放松，

法治强则中国强

抢抓新常态下的新机遇，培育新的经济增长点，防范各类经济风险；一方面应坚持向深化改革要效益、要动力，以"开弓没有回头箭"的决心和"吹尽狂沙始见金"的精神推动改革不断深入，通过真刀真枪的改革举措，破除制约创新驱动发展的体制机制障碍，敢于向落后产能和落后发展方式说不，勇于承担转型升级、提质增效必须付出的代价和成本。

今年是全面深化改革的关键之年，也是中国经济转型升级的"破茧"之年，我们期待政府和市场的"两只手"齐心合力，政府和市场"双引擎"同频共振，主动作为、狠抓落实，按下全面深化改革的"快进键"，为打造中国经济的升级版开好局、迈好步。

（原文系2015年1月28日新华社电稿。作者：涂洪长）

法治弱则

FA ZHI RUO ZE

MIN SHENG JIAN

民生艰

法官的上司只能是法律

关键词：司法独立

2014年12月24日，安徽省滁州市中级人民法院宣布商人赵世金合同诈骗罪不成立，改判无罪。而这一判决，是在赵世金已经服刑期满获释的4年之后。因证据不足，此案数次发回重审，经历了7年6次判决。最终，在一名市领导干预下，赵世金被判有罪，在未上报最高人民法院核准情况下，终审法院自行宣布判决生效。此类因领导干预而导致的典型冤案，还包括赵作海案、佘祥林案等。法学泰斗江平曾指出：政法委干预审判案件容易造成冤假错案。

一起民事纠纷被办成了刑事案件，在没有新证据的前提下，法院判决的刑期由15年降至5年，再升至6年，又降至3年半。这是55岁的赵世金的离奇遭遇。

尽管最终被宣告无罪，但赵世金已在狱中服满刑期，并经历了艰难的申诉之路。根据媒体调查，这起错案之所以发生，是因为安徽滁州市一位市领导当年给法院施加了压力。

审判权依法独立行使，这是人们对法治的美好向往。其实，说白了，想有独立的审判权，就必须先有独立的法官。法官判案没有受到限制、影响、诱导、压力、恐吓、干涉，才有可能依据法律代表国家为争执的双方作出公正裁判。

"法官是法律世界的国王，除了法律，法官没有别的上司。"马克思的这句话在法学界已是共识。但，我们的法官独立吗？很多人回答这个问题时会心虚。放眼近年曝光的冤假错案，不少案件当年都出现了干扰法院审判的力量，而这股力量相当程度上来自同级或上级党政领导。

个中原因早就被学者提过多次了。比如，法院的经费大部分来自同级政府，法院的领导权和人事权隶属于地方党委，法官整体职业素质有待加强，法院内部管理趋于行政化，等等。若无科学的制度保障，法官的上司就很难只有法律。

一些地方、领域已经开始了制度尝试。拿最高人民法院两个巡回法庭来说，它们设立的目的之一是审理跨区域的重大行政和民事案件。这种设计与行政区域一定程度上脱钩，

卷二 法治弱则民生艰

原因就是为了防止被地方保护主义和潜规则影响。

又比如，海南等地开始了主审法官责任制的试点，法官被赋予比过去更大的自由裁量权，判决不再需要法院领导审批。其实，这也是法院内部的"去行政化"改革，寄希望于法官能不受到审委会"定调"影响，自主运用法律判案。

既然如此，国家也应对法官的职业素养要求更加严格。海南对现有法官进行重新选任，深圳尝试从现有的律师、法学学者等法律人才中公开选任法官，符合条件者可转任正式法官。一些法院还提出减少对法官诸如年底集中清案等运动式的考核模式。

让法律回归法律，让法官更像法官，这些改革方向无疑符合法律人的基本常识。

除此之外，建立领导干部干预司法活动、插手具体案件处理的记录、通报和责任追究制度，建立健全司法人员履行法定职责保护机制，也在中共十八届四中全会上明确提出。有了原则性的规定，下一步应该做的，就是考虑诸如谁来登记、是否公布、如何问责等可操作的技术细节。

不过，一切法律总根植于文化之中。事实上，在整个司法体制改革中，在司法系统制度等层面动刀子并不是最难的，这当中最大阻碍恐怕来自行政权面对司法权时的思维惯性：长期以来，部分党政领导仅把法院看作行使审判职能的一个政府部门而已。

也正是这种思维惯性，依法独立行使审判权的问题才屡屡被地方政府选择性忽略。其实，在大力倡导司法体制改革的今天，马克思的另一句话非常值得官员们重新回味、铭记在心，那就是："独立的法官，既不属于我，也不属于政府。"

西方法谚云，独立的审判是司法公正的前提。希望改革让赵世金们感受到更多的个案正义。

（原载于2015年2月6日《中国青年报》。作者：卢义杰）

警察，你凭什么打人

关键词：权力"越轨"

在山西太原市打工的河南农民工王奎林向媒体反映：2014年12月13日，他的父母及工友向老板讨要工钱时与保安发生口角，当地民警接警后将讨薪者带到派出所，其母周秀云遭殴打和侮辱后，死在该所内，父亲也被打断四条肋骨。王奎林本人躲过警方的盯梢，冒险将案发现场证据资料转到记者手中。视频资料显示，死者周秀云倒地后曾被民警脚踩头发。事件曝光后，多名涉案民警被拘，太原市警方公开道歉。而家属则发出了"讨薪农民工究竟犯了什么罪"的质问。

新年了，人生又翻开了新的一页，可是，过往的一些事情却总是那么不容易翻篇。就在前两天，山西省太原市公安局长还在为去年的事情道歉：2014年12月13日，河南郸城县女民工周秀云在山西太原讨要工钱时，和出警民警发生肢体冲突致非正常死亡。

多么离奇的事情！如果再看网上疯传的那些照片和视频——遇害者生前晕倒在冰冷的地上，被一个身材肥胖的警察踩着头发，相信每一个有良知的人都会不寒而栗，不禁发出这样的追问：警察，你凭什么打人？

我国警察法第二条明文规定："人民警察的任务是维护国家安全，维护社会治安秩序，保护公民的人身安全、人身自由和合法财产……"第二十二条明确："人民警察不得有下列行为：……（四）刑讯逼供或者体罚、虐待人犯；……（七）殴打他人或者唆使他人打人……"一目了然，维护国家安全，维护社会治安秩序，保护公民的人身安全、人身自由和合法财产……这才是法律赋予警察的权力。与此同时，我们有劳动法、劳动合同法以及刑法修正案（八）中关于"恶意欠薪"的明确规定，这一切都在证明：农民工讨薪，是完全合法的权利。

一边是民工讨薪的权利，一边是警察维稳的权力，这些都是法律所赋予的，并且在一个法治社会里，权利和权力应该是平等的，完全没有贵贱强弱之分。然而，我们不幸地看到，本该和睦共处的"同胞"却反目成仇，直至出现这样离奇的悲剧，这无疑只会加剧权利与权力的恩怨。特别是讨薪民工寄希望于公安机关为其主持公道、伸张正义，反而遭到警察的暴力相向，以致丢失性命时，不知道"敬畏权力"的百姓又会作何感想？

痛定思痛，我们应该看到，权力是法律所赋予的，并非无法无天的"利维坦"，"警察打人"是"全面推进依法治国"的法治时代绝对不允许的。面对放纵的权力，我们必须予以申辩、寻求救济。

我们还应该看到，在这个世界上，有一种伟大的发明叫作监督，并且这种监督同样受到法律保护。于是，无论是在悲剧发生后，还是在权力的日常行使中，我们都应擦亮眼睛、揭穿真相、伸张正义。当然，"法律责任"一词同样值得重视，因为翻看每一部法律文本，我们都能在字里行间中找到权力"越轨"后的惩治办法，继而让"打人者"受到法律制裁。

时至今日，逝者虽已矣，责任要追究，教训当牢记，别再让权力走了样，应该成为每一个执法部门、每一位执法人员的自觉坚守。愿警方借此深刻反思，依法严办，让此类践踏国法、无视民命之举，止于此案。

（原载于2015年1月7日《人民日报》。作者：希仁）

"诽谤罪"的背后是"司法官员化"

卷二

法治弱则民生艰

关键词：因言获罪

典型案例：2006年8月15日，重庆市公务员秦中飞写了一条名为《沁园春·彭水》的短信，因内容针砭彭水县当地的时弊而获罪被拘押，40余人牵连其中。2009年2月12日，在上海打工的河南省灵宝市大王镇青年王帅在网上发帖，披露家乡政府违规征地，后被灵宝市警方以涉嫌"诽谤罪"将其送进看守所关押8天。

"灵宝帖案"风波未平，"内蒙帖案"正在热议，"遂宁帖案"又来了。据《华西都市报》4月21日报道，四川遂宁市蓬溪县青年邓永固在网上用真名发帖子，批评"高升乡在退耕还林中存在违纪、违法行为",并称遂宁市、蓬溪县及县林业局有关领导是"败类"。去年10月17日，邓永固因涉嫌诽谤罪被蓬溪县公安局刑拘。12月31日，蓬溪县检察院正式向蓬溪县法院提起公诉。不知为何，直到检方提出公诉四个多月后的4月20日，蓬溪县法院才公开开庭审理了这起诽谤案。

自"彭水词案"以来，讨论批评政府的公民是否构成"诽谤罪"似乎有些多余。经过一轮又一轮的网络舆情洗礼，如今就算是非法律专业人士也多半知道，刑法上并没有"诽谤政府罪"，也没有"诽谤官员罪"。而个人（包括官员）若认为有人对自己构成了"诽谤"，可以向法院递交自诉状。刑法上的"诽谤罪"是"以自诉为原则，以公诉为例外。"所谓例外，只有那些"严重危害社会利益和国家利益"的诽谤罪才能提起公诉。

在邓永固这一个案里，举报当地政府违纪违法当然不是诽谤，哪怕举报内容失实，也不构成诽谤。至于指名道姓称某些官员为"败类"，这更不是诽谤。如果这些官员确实不是"败类"，那也只是"侮辱"，而不是"捏造事实"。否则，我们每个人几乎都有"诽谤"的嫌疑，比如我们在吵架或争论时常常会脱口而出把对方贬低为某种低智能的动物，难道对方有权拨打"110"请警方来抓捕"诽谤嫌犯"？还有我们的"国骂"，也常常出现在街巷争吵中，这种动辄问候他人女性亲属的言论较之"败类"要恶毒得多，如果也都交由检察机关来公诉的话，公、检、法部门可就有得忙了。

当然，这些"诽谤"和"疑似诽谤"每天都在发生，但公权力机关并不介入，也没有必要一一介入。知名的娱乐人物宋祖德在其博客中一会儿说周慧敏就是"集邮女星"，一会儿说贾静雯在天津有私生女。这些博文在网络流传甚广，影响巨大，但疑似"被诽谤"的当事人不以为然，司法也就保持着沉默。之所以公安司法机关会为了某些地方官员而不惜动用国家暴力机器，可能的原因就在于，这些地方公安司法机关事实上成为地方党政官员的"私家机器"。

于司法领域，向有"司法行政化"和"司法地方化"之说。十余年来的司法改革一直在围绕"司法去行政化"和"司法去地方化"而努力。从这层出不穷的"公民诽谤官员案"来看，"司法地方化"的背后实则就是"司法官员化"。"灵宝帖案"中，几位当事的警察被处分，网上为他们抱屈之声不绝于耳。说民警"因办案业务知识不精，对错案的发生负有直接的责任"，如何能够服众？诽谤罪的常识，只要看过刑法就能明了，无需"精通"也能依法执法。民警岂会不知"诽谤罪"的定义，之所以有怀揣"诽谤罪"令箭跨省抓捕之雷霆行动，多半是源于当地更高领导的授意或暗示。

如果"灵宝帖案"还不能说明问题的话，请看"内蒙帖案"。将发帖者吴保全以诽谤罪抓捕、公诉、定罪，办案人员向媒体表示出了种种无奈。比如行使终审权的鄂尔多斯中级法院工作人员就对媒体"私下"表示，"这不是单纯的法律问题。"一审法院一位法官也"私下"坦承，"凭我的良心，凭法律原则，我都认为他无罪。"包括控方一位检察官也透露，当院里讨论该不该诉时，有领导表示，这是市里的案子，"我们管不了。"

检察官管不了"诽谤罪"，谁在管呢？某些地方官员，他们不但管住了正常行使批评权的网民，还管住了本该独立行使司法权的司法机关。这一畸形的权力生态若不破解，因言获罪的"公民诽谤官员案"还将继续冲击公众对司法的信心。

（原载于2009年4月22日《新闻晨报》。作者：王琳）

抗癌药"代购第一人"被捕的法律悖论

关键词：僵硬执法

2015年1月10日晚，印度抗癌药"代购第一人"陆勇被警方抓走羁押。他被指控涉嫌销售假药而被"网上追逃"。2002年，陆勇被查出患有慢粒白血病，医生推荐他服用瑞士产的"格列卫"抗癌药，售价高达23500元一盒。两年后，陆勇偶然了解到印度产的仿制"格列卫"抗癌药，药效几乎相同，一盒仅售4000元。于是他开始服用此药。随后，很多病友让其帮忙购买此药。因此药未获我国进口许可，而被相关部门定性为"假药"。2015年1月29日，陆勇获释，湖南省沅江市检察院撤回对其起诉。

媒体报道，被称为抗癌药"代购第一人"、为国内慢粒白血病患者代购印度抗癌药的陆勇于10日晚在北京首都机场被北京警方带走，羁押于朝阳看守所。事件起因于陆勇涉嫌妨碍信用卡管理罪和销售假药罪，于2013年8月被湖南省沅江市检察院批捕，2014年3月19日陆勇被取保候审，此次抓捕时陆勇已被列为"网上逃犯"。因而案件管辖地实际是湖南省沅江市，北京警方只是协助沅江市公安局抓捕而已。

陆勇在2002年被查出患有慢粒白血病，当时医生推荐他服用瑞士诺华公司生产名为"格列卫"的抗癌药。服用这种药品可以稳定病情、正常生活，但不能间断，每盒药售价为23500元，一个月需要服用一盒，因而经济条件一般的患者根本无法承担如此巨额的费用。后陆勇偶然了解到印度生产的仿制"格列卫"抗癌药每盒仅售4000元。印度和瑞士两种"格列卫"对比检测结果显示，药性相似度为99.9%。陆勇便开始服用印度仿制"格列卫"，并在病友群里分享了这一消息。随后，很多病友让其帮忙代购该药品，人数达数千，陆勇为方便交易，先后从网上购买了三张信用卡，并将其中一张卡交印度公司作为收款账户。去年9月，"团购药价"降至200元每盒。另据报道，印度的"格列卫"在印度属于合法的"真药"，但由于该药品没有取得中国的进口审批许可，属于法律意义上的"假药"。最终，陆勇因涉嫌妨碍信用卡管理罪和销售假药罪被公安机关立案侦查。

查看近几年媒体报道，类似陆勇这种代购抗癌药涉嫌犯罪的悲剧，先例不少，政府监管与立法目的似乎已严重脱节，目前仍难看到改变或纠正的迹象。

我国《刑法》第一百四十一条规定，生产者、销售者违反国家药品管理法规，生产、销售假药，足以危害人体健康的行为，构成销售假药罪。而根据《中华人民共和国药品管理法》（以下简称《药品管理法》）第四十八条第二款第二项规定，"依照本法必须批准而未经批准生产、进口，或者依照本法必须检验而未经检验即销售的"药品，按假药论处。根据前述规定，陆勇代购的印度"格列卫"因未获得国家主管部门的进口批准，符合"假药"的法律规定。由于我国刑法规定该罪应达到"足以危害人体健康"的情节方能构成本罪，为将通常的制假、售假行为纳入犯罪评价体系（一些制假、售假行为未必危害人体健康，但破坏市场经济秩序，影响恶劣），全国人大常委会于2011年2月通过了《刑法修正案（八）》，对该罪名予以修正：只要行为人主观上具有制假、售假的行为，即构成本罪，将"足以危害人体健康的行为"由原来的犯罪成立条件改为犯罪加重情节。基于前述法律条款，我们不难看出，立法机构对销售假药罪的犯罪构成、保护对象以及社会危害等均做了系统、科学的规定。

然而，因为《药品管理法》关于假药的认定标准，导致陆勇这类既无犯罪主观故意，又未造成客观社会危害，且未获取不当利益，实质乃自救与互助的"代购"行为，因涉嫌触犯刑法规定而入罪，冤枉且不公平。

那么，问题的根源在哪儿？《药品管理法》第三十九条规定："药品进口，须经国务院药品监督管理部门组织审查，经审查确认符合质量标准、安全有效的，方可批准进口，并发给进口药品注册证书。"我们不禁要问，瑞士的"格列卫"可以获得国家药品监督管理部门批准进口的行政许可，印度的"格列卫"为何不可以获得进口许可的同等待遇？而且，药性相似度为99.9%，效果一样的两个国家的同类产品，获得进口的瑞士"格列卫"价格高出未获进口的印度"格列卫"价格近5倍。作为普通公众，要以何种恰当的理由，才能理解如此巨大的价格差距是合理的？要以多大的包容心，才能认同政府监管部门对这类事涉癌症患者生死的药品审批与价格监管？

或许有人会说，印度的厂家没有向我国申请出口，中国也没有企业或个人申请该药品进口，所以印度生产的该药品未获批准进口当属正常。其实，笔者想表达或思考的重点不在这。重点在于，国家的药品监督管理部门，在其行政职能职责范围内，为何不可以有更大作为？要知道，陆勇们这类癌症患者，皆是因为无法承受药品的巨额费用，才冒着触犯刑律的危险，寻找更合适的"救命之药"。他们这类人的悲哀在于，不铤而走险，就可能会因买不起自己国家合法销售的药品而等死。

　　法律条文制定的目的之一，应是为了增进最大多数人的幸福，这种幸福能否得以按照法律设定的目的实现，有赖于执法者严格而不失灵活的执法态度与思维。而这其中的灵活，应是行政职能监管部门，在僵硬而冰冷的法律条文背后赋予其更多的人性与活力，达到或保持与立法目的高度统一与一致，从而真正实现立法的初衷。

　　（原载于2015年1月17日《南方都市报》。作者：阮子文）

卷二　法治弱则民生艰

"无罪也要起诉"背后的干预之手

关键词：行政干预司法

  2014年11月20日，安徽省高级人民法院开庭重审9年前的一起经济纠纷案件。当年承办该案的安徽淮北市相山区检察院检察官孟宪君，年前曾向最高人民检察院举报自己办了错案，试图引起有关方面的重视，推动案件重审。据央视报道，孟宪君一开始就认定涉事人无罪，法院一审判被告无罪，但淮北市委某领导要求"无罪也要起诉"，于是检察院被迫抗诉，法院二审改判被告有期徒刑三年、缓刑五年。

  承办检察官已认定涉事人无罪，检察院检委会一致认同检察官的意见，然而在市委某领导施压之下，检察院明知被告无罪也只能起诉、抗诉，法院明知被告无罪也只能判其有罪，被告被判后开始了漫长的上访之路，承办检察官一直痛感憋屈，多年后以自我举报的方式力推案件重审……目前，案件重审尽管未有最终结果，但综合多方面信息已基本可以肯定，这是一起领导干部违法干预司法导致的错案，案件产生了十分严重的影响，其教训是十分深刻的。

我国宪法规定，人民法院依照法律规定独立行使审判权，不受行政机关、社会团体和个人的干涉；人民检察院依照法律规定独立行使检察权，不受行政机关、社会团体和个人的干涉。依法独立公正行使审判权和检察权，是宪法赋予司法机关的权力和职责，是一项神圣不可侵犯的宪法原则。十八届四中全会提出，"建立领导干部干预司法活动、插手具体案件处理的记录、通报和责任追究制度；对干预司法机关办案的，给予党纪政纪处分；造成冤假错案或者其他严重后果的，依法追究刑事责任。"9年前发生在安徽淮北市的这起领导干部干预司法的典型案件，置于当前现实语境，仍具有特别的警示价值。

据报道，当年淮北市委某领导强令"无罪也要起诉"，并非由于个人方面的原因，而是由于被告参与的集资房项目发生了纠纷，引发部分职工"闹事"，为平息职工情绪，必须大张旗鼓对被告"依法"惩处，以显示政府解决问题的力度和诚意。如此看来，某领导或许可以大方承认自己干预了司法，但又可以理直气壮地辩称，自己干预司法是出于维稳的需要，完全是出于公心，因此没有什么不妥和过错。以"出于公心"为干预司法进行辩护，是一种很常见的说辞，在一些领导干部看来，只要是为了工作的需要，具有正当的理由，只要没有以权谋私和从事腐败交易，干预司法就无可厚非，不应当受到追究和处理。

十八届四中全会《决定》尽管沿用了"党政机关和领导干部违法干预司法活动"的提法，但在规定问责措施时明确提出，"对干预司法机关办案的，给予党纪政纪处分；造成冤假错案或者其他严重后果的，依法追究刑事责任"。这里澄清了一个重要的概念——党政机关和领导干部干预司法活动，原本就没有"违法干预"和"合法干预"之分，任何党政机关和领导干部对司法活动的干预都是不合法的。正是为了"一刀切"禁止领导干部干预司法活动，《决定》要求建立领导干部干预司法活动、插手具体案件处理的记录、通报和责任追究制度，对领导干部干预司法进行"全程监控"，给予严厉的追究惩处。

无论有什么原因和理由，无论采用什么形式和手段，领导干部只要干预了司法活动，都是不正当、不合法的，都要依法依规予以问责处理。9年前安徽淮北市"无罪也要起诉"错案背后那双干预之手，现在该是拿到前台来展露真容的时候了。

（原载于2014年11月23日《北京青年报》。作者：潘洪其）

警惕"公函求情"洞穿司法公正底线

关键词：公函求情

2012年2月，湖南省株洲市房产管理局房地产权属与市场管理处正副处长都因受贿罪被法院判刑。然而，在株洲市中院出具的二审判决书中，由株洲市房管局出具的请求减轻处罚的函件，赫然出现在所列举的证据之中。此类事例近年来屡见不鲜，比如，2013年，湖南省麻阳县文化局两名官员因贪腐案件被抓，涉案单位向法院出公函求情，称涉案官员"素质高"。2014年2月，四川省眉山市气象局官员郑洪雁交通肇事撞死路人被起诉，其所在单位领导以组织名义请法院对郑免予刑事处罚。

卷二 法治弱则民生艰

谁说官场充满尔虞我诈？湖南株洲市房管局用实际行动展示了小圈子里的温情脉脉——

不久前，株洲市房产管理局房地产权属与市场管理处两名正、副处长因受贿罪双双落马，案子进入司法程序。办案过程中，该局为了搭救这两位"难得的人才"，向法院出具了一份"请求对两名被告人减轻处罚"的公函；而更令人愕然的是，在株洲市中级人民法院出具的二审判决书中，这份"求情函件"赫然出现在所谓的"证据"名单之中。

一些地方和部门的价值判断和自然选择，往往在"暖"了个别人的同时，却"凉"了公众的心。其实，阳光底下无新鲜事，株洲市房管局的"仗义"并不是第一例。2000年，在陕西省横山县的一个矿产纠纷中，陕西省政府办公厅一份公函寄到最高法院，要求改判，称如果维持原判，"将会产生一系列严重后果"，"对陕西的稳定和发展大局带来较大的消极影响"；同一年，重庆农民付某的蛙场在补偿条件未谈妥的情况下遭到强行爆破，由于工业园管委会发函"警告"法院"不得一意孤行"，付某的诉讼请求最终被驳回。这两例属于被媒体偶然披露，其他各色被暗箱操作的"求情"和"警告"还有多少，人们不得而知。

作为公权部门，公然以行政资源游说和干扰司法，公然以公共权力为个人利益背书，并且当其成为某种现象和通行的规则时，它的危害性便早已超越了常见的私对私的说情和打招呼，而传递出破坏力和"负能量"更大的危险信号——

攻守同盟，不容乐观。在一些地方和部门，官员之间由于门生故旧的交叉关系组成一个"熟人社会"，大家抬头不见低头见，实行的是内部人控制，因而结成利益同盟，你好我好大家好。更为甚之的是，一些地方小圈子内，对贪腐者依然视为同"志"，彼此关系更像是某种打断骨头连着筋的攻守同盟，大家是一条线上的蚂蚱，自然"一人有难、八方驰援"。"惩前毖后、治病救人"的劝诫，在他们眼中只剩"救人"，不计其余。这种仗义，仗的是圈子利益之义；这种慷慨，慷的是政府公信之慨。

公权越位，值得警惕。世界上没有无缘无故的爱，当然也没有无缘无故的"护短"和"求情"。株洲房管局的求情，背后缘由尚待追问，而2000年陕西省政府要求最高法改判二审判决的公函，背后则隐藏着当地公权部门与民企争夺巨额矿产收益的魅影。为了达到目的，公函甚至以可能影响社会稳定为要挟之潜台词，可谓不遗余力。身为市场"守夜人"的政府，在这类市场纠纷中，本应秉承公正、中立的基本红线，而不该视合同、协议这些具有法律效力的文书为橡皮泥，公然偏袒某一方，在利益争夺中赤膊上阵。一些地方政府之手伸得太长，可见一斑。

司法独立，任重道远。政府部门向法院发函"求情"也好，"警告"也好，如果法院置之不理倒也罢了，关键是，

"求情"最后成了呈堂"证据"，"警告"最终发挥了威力！个中道理，不难想象——法院再神圣庄严，也要吃饭、盖楼、采购，而现有语境下，地方法院与其他政府部门同为吃地方财政饭的"兄弟单位"，加上行政审批权仍然高度集中、公权力仍然封闭运行，今天你不给他面子，明天他可能就给你小鞋穿。公权运行的高度弹性化和不透明化，让司法独立遭遇现实的潜在困境。这，才是司法进程中更大的无奈，也是司法改革更需付诸勇气的"险滩"和"深水区"。

（原载于2013年6月10日《广州日报》。作者：徐锋）

摸着**法律**过河
——**依法为篇**

不 为百姓撑腰的公权该"收伞"了

关键词：法无禁止即可为

滴滴专车、一号专车、易到用车、Uber打车……2014年开始，伴随各类互联网专车软件的不断涌现，关于专车是否变相黑车的讨论也越来越热。继沈阳、南京、上海等多地叫停专车业务后，北京交通执法部门也公开认定通过打车软件拉活的专车属于"非法运营"，将针对此类出租车服务的行为加大打击力度。

近期，上海、北京等城市的交通部门陆续开始对利用手机软件从事运营的社会车辆进行处罚，理由是"变相为乘客提供了'黑车'"，这引发很大争议。

对待专车服务等新兴运输服务业态，决不能一棒子打死。有关部门一定要认清市场规律，决策要慎之又慎，不能让手中权力沦为庇护垄断的"保护伞"。

专车服务是一种创新的出行方式，源起于大城市交通服务供需不平衡，是对现有社会资源的再分配，体现了共享经济的发展趋势，深受社会欢迎。放眼国外，这种共享经济模式在美国等发达国家"一路狂奔"，市场份额预计在1100亿美元以上。

这种符合共享经济发展趋势的专车模式，却成了有些部门的"眼中钉""肉中刺"。究其根源，是因为专车服务撼动了出租车的封闭垄断地位，动了某些既得利益集团的"奶酪"。

应当看到，出租车经营权的垄断，养肥了少数人，害苦了一批人。拥有出租车经营权，就可以不花一分钱，靠司机"融资"起家，用司机"份子钱"还贷款，可谓"空手套白狼"坐享其成。

而绝大多数出租车司机如同"骆驼祥子"，他们出了相当于车款一半的"风险抵押金"，每月要上交数千元"份子钱"，收入却不如单干的三分之一。这种利益模式早已板结，针扎不进，水泼不入，成为百姓出行改革路上的"坚冰"。

党的十八届三中全会明确提出，让市场在资源配置中起决定性作用。保护垄断，打压创新，就是逆市场规律而动，就是阻挠改革。尤其是在"依法治国"的大背景下，"法无禁止即可为"。政府部门不能披着看似"合法"的外衣，将共享经济的创新萌芽"乱棒打死"，充当某些垄断利益的"保护伞"。

近些年，一些地方出租车行业经营者和管理部门陆续曝出腐败案例。例如，有的地方客运管理部门插手出租车采购，强制司机高价购买简配的车辆被依法查处，"食物链"露出冰山一角。而出租车长期固化的准入门槛背后，到底隐藏着怎样的"食物链"？群众期待有关部门严查。

中央全面深化改革领导小组会议明确，改革的切入点应从群众关注的焦点、百姓生活的难点中寻找。出租车行业与百姓出行息息相关，改革之声已经高喊了十多年，群众、媒体、出租司机群体、人大代表、政协委员嗓子都喊破了，权力部门就是"半边聋"，只听得见利益"叮当作响"，听不到群众"呼声焦急"。如今，公车改革都在快马加鞭，出租车改革仍然纹丝不动。看来，这个行业要多晒晒阳光，让不为百姓撑腰的公权收收"伞"。

（原文系2015年1月7日新华社电稿。作者：冯国栋、陈诺）

限购是行政干预市场的惯性冲动

关键词：行政干预市场

2014年3月25日晚间，杭州市政府宣布，从第二日零时起，对小客车采取控制总额和错峰限行的双限措施。由于杭州市政府及其有关部门在最近半年内针对政府即将限牌的消息多次做出"辟谣"式澄清，此次限牌新政的遽然推出等于是政府直接否定了自己。这种自毁诚信的行为受到了舆论的广泛指责。

杭州市政府之所以采取限牌措施，是希望通过减少汽车消费来减轻城市交通拥堵和雾霾严重的压力。限牌能否达到这样的目的，需要进行一系列复杂的科学论证，但杭州并不是汽车限牌的始作俑者，在它之前，京沪穗津这4个大城市都已推出不同版本的限牌措施；而在它之后，其他一些与杭州差不多的二线城市也有限牌的打算，未来估计也会跟进。

其实，如果我们把眼界放得稍宽一些，就可发现，限制某种商品的消费，近年来已经成为政府调控市场的一种常规手段，其中最显著的就是房地产市场上的限购措施。房地产市场上的限购，其目的是通过减少市场购买来倒逼房价下行，但几年来的调控实践证明，限购并未达到这种效果。现在一些城市对小客车消费采取的限牌措施，其目的不是为了降低车价，而是为了减少拥堵和污染，似乎比房地产限购更具合理性，但是，从京沪穗津4个城市来看，限购的效果也是值得怀疑的。

从本质上说，政府出台对某种商品的限购政策，是政府对市场消费的直接干预。我国在计划经济时期由于商品供应严重不足，对城市居民的生活必需品实行按家庭或人头限购，以致发行了大量在今天看来令人惊诧的票证，这种"票证经济"在改革开放初期仍然存在，直到上世纪90年代才逐步退出。我们记忆犹新的是，"票证经济"虽然满足了最为基本的民生需求，但也对消费市场形成了扭曲。比如，当自行车必须凭票购买的时候，一些暂时并不需要自行车的居民在得到票证后也会购买，如果不想买就会将票证倒卖出去，从而使票证产生了经济价值。

今天，随着市场经济的发展，商品短缺在我国消费市场已经基本不存在，而当限购这种行政手段继续推行的时候，它同样会对消费市场形成扭曲，从而使限购想要达到的目的落空，或是产生明显的副作用。比如，当很多城市规定本地居民只能购买两套房、外地户籍人员可在本城购买一套房的时候，这两套房、一套房就会出现某种由政府分配的福利品的色彩，一些本来没有购房计划的居民也会在此政策激励之下产生购房冲动。汽车限牌的措施也有这样的效果，当车牌成为奇货可居之物后，它就产生了经济价值，一些本来不打算购车的居民也会积极加入这一队伍，在得到车牌以后即使暂不购车也可以想办法倒卖出去。

限购是行政干预消费市场的一种惯性冲动，它背后暴露的问题是，政府在行使社会管理职能时仍然将限制市场消费作为最常用的手段。这样做的效果一方面是扭曲了市场，伤害了市场；另一方面又强化了政府在市场中的作用，与目前正积极推进的简政放权的方向不符。因此，即使是不得已而为之的限购，也必须将它控制在一定范围内，并积极创造退出机制，而不应将其作为一种长效机制推广。

就高房价的成因来说，购买力强盛并不是主要原因，政府在房地产市场通过收取税费占有了太多利益才是最为重要的，而缺少对这方面的深层次改革才是房价降不下来的根本原因。就城市拥堵和污染来说，民用小客车的大量增加确实会加重这两方面的压力，但道路、停车场等城市基础建设的严重欠账是导致城市拥堵的更重要原因；至于雾霾的成因则更为复杂，小客车排放的尾气未必是最重要的。通过限购来减少小客车的消费，并不是有效解决拥堵和污染问题的根本之策，政府如果过于依赖这种行政手段，而不去积极推动关键领域的改进，那将是一种可怕的"懒政"，将给城市的未来带来难以收拾的局面。

（原载于2014年3月31日《人民日报》海外版官网。作者：周俊生）

财政补贴上市公司是政府职能错位

关键词：职能错位

在企业已经成为上市公司以后，如果政府继续向其提供补贴，只能说明这些企业并不符合市场化的要求，它们的上市公司身份是值得怀疑的。高达八九成的上市公司可以获得政府补贴，说明A股市场上大量企业徒有上市公司的招牌，却未能建立起真正市场化的机制。

我国A股市场上市公司已经按规定程序完成2014年上半年业绩报告的披露。据新华社报道，A股市场所有上市公司在上半年内实现归属于母公司股东的净利润1.266万亿元，同比增长达到10.13%。在经济增速减退的情况下，上市公司能够创造出如此业绩，似乎证明它们具有超过一般企业的禀赋，值得投资者放心投资。然而，半年报披露的另一个数据却让人乐观不起来——上半年竟有2235家上市公司接受了财政补贴，占比高达88.1%，合计补贴金额高达322.63亿元，较上年同期超过1/3。

资本市场的一个好处就是财务信息透明化，这种透明是由证监部门规定的信息披露程序保证的，上市公司的财务数据都必须向市场交代清楚，政府对上市公司实施的财政补贴，也让公众一览无余。尽管政府财政资金的运用已经由预算法进行规范，并且也要求向社会公开，但这方面的公开目前还没有具体到每一笔资金的流向，通过上市公司的信息披露，公众看到了政府财政资金在对企业的补贴上还缺少严格的规范，其背后所反映的问题，则表明了政府职能的错位。

政府要不要给企业提供财政补贴？一些从事公用事业、公益性事业服务的企业，其产品定价不能完全由市场决定，而是由政府来确定让公众能够承受的较低价格。如果政府对这类企业不提供补贴，它们就会出现严重亏损，难以持续经营。另外，一些企业投入新产品研发，需要承担很大的风险，失败了其投入很难收回，成功了也由于研发成本的计入而使产品价格高昂，难以推广到市场。在这种情况下，政府为了支持市场创新，也有必要对这类企业实施一定的补贴。

现在的问题是，政府年年对上市公司投入巨额的财政补贴，却未能保证收到这方面的效果。比如，中石油、中石化这两大央企，年年都可获得以百亿元计的巨额补贴，其理由是"两桶油"承担了政府所要求的油价控制任务。但实际上，我国的油价虽然由政府来确定，但政府的定价机制却是参照国际市场的价格变动来确定，"两桶油"每一年都能获得巨额利润，并没有因为政府下达的控制油价的任务而出现亏损，因此对"两桶油"的补贴基本上是多余的，它成了"两桶油"高福利的添加剂。

再比如，南方一家公司以研发新产品为由，每年都向省政府申报财政补贴，每年都可获得数亿元补贴，2013年甚至猛增到22亿元。但是，该公司实际上是一家主营业务严重亏损的公司，其从事新产品开发已经没有什么能力，如果没有政府的财政补贴，这家公司应该已经进入退市行列。政府的财政补贴实际上起到的作用是挽救公司退市，这种情况在A股市场中并非个别。

上市公司已经是市场化的企业，它的资金通过股票发行筹集，上市以后也可以通过增发新股、配股等再融资手段筹资。在企业已经成为上市公司以后，如果政府继续向其提供补贴，只能说明这些企业并不符合市场化的要求，它们的上市公司身份是值得怀疑的。高达八九成的上市公司可以获得政府补贴，说明A股市场上大量企业徒有上市公司的招牌，却未能建立起真正市场化的机制。有的面临退市威胁的公司得到财政补贴后，利用会计手段改变连续亏损的记录而逃过退市，最终还是损害了投资者的利益。

政府热衷于向上市公司提供财政补贴，使A股市场的市场调节机制失灵，市场的投资质量也因此难以提高。解决这个问题，需要切实转变政府职能，斩断政府"乱摸市场的手"，将错位的职能重新归位。对一些承担了公用事业、公益性事业服务的上市公司，政府即便有理由提供补贴，也必须加强监管，不能让补贴演变成为这些企业的高福利。

（原文系2014年9月22日《北京青年报》评论员文章）

政府放权需要决断力

关键词：放权松绑

1984年，福建的55位国企厂长上书时任福建省委书记项南，要求"给我们松绑"。这是企业家第一次向政府要求放权。2014年，在一次座谈会上，海尔集团CEO张瑞敏发言表示，行政审批依然看得见，约束依然触摸得着，一些职能部门把投资审批的权力牢牢掌控在自己的手里，实际上也把利益通过制度方式留在自己手里。

近日，以"政商重构，市场还权"为主题的2014网易经济学家年会举行，诸多经济学家认为对于"大政府、小市场"的经济格局应当有

所改变。民营企业面对混合所有制的蛋糕畏葸不前，就是对管束权力的规则还不太放心。

而在同期举行的另一场座谈会上，海尔集团CEO张瑞敏在一份书面发言中表示，审批依然看得见，约束依然触摸得着，博弈仍然如影随形，一些职能部门把投资审批的权力牢牢掌控在自己的手里，实际上也把利益通过制度方式留在自己手里。

让政府放权，是一个既漫长又不容易的事情。吃着火锅哼着歌，谁也不会无缘无故看自己手中的权力不顺眼。

在1984年，也就是30年前，福建的55位国企厂长上书时任福建省委书记项南，要求"给我们松绑"。这是企业家第一次向政府要求放权。当时被看作"大逆不道"，现在却被视为改革史上的一段佳话。

当时的诉求是扩大国企经营自主权，而政府的放权则没那么痛快。直到20世纪90年代，产权清晰、权责明确、政企分开、管理科学的现代企业制度被中央提出，经营自主权的下放才大致跟上了经济发展的节奏。

政府放权一定是遵循这样两个规律：一是"挤牙膏"，挤一点不好使，就再挤一点。我们的改革之所以是渐进式的，就在于政府的放权是渐进式的。一下子放开，市场和企业也接不住；二是倒逼，经济增长的现实压力，才是倒逼政府放权的关键因素。无倒逼，不放权。这与上书不上书关系不大。

因此，当前对于简政放权的呼声，对于将审批权透明化、可预期化的呼声，也是要遵循上述两个规律的。自去年以来，国务院已经累计下放和取消审批权数百项，包括公司注册资本改革这样的干货。7月29日的中共中央政治局会议指出，做好下半年经济工作，坚持把改革放在重中之重的位置，要增大简政放权的含金量。只要牙膏还在不停地挤，企业所受到的管制程度就是趋轻的。

另一方面，中国经济现在明显承压，上上下下既然都不想以4万亿元的方式救市，那么红利只能向改革索取。我们必然要承受一些风险，一个新的市场出清均衡，必然是一个更低的去杠杆和去过剩产能的均衡水平。在这样的压力下，倒逼就会出现。最高决策层希望通过简政放权来释放市场活力，但横亘在市场前面的庞大中间官僚阶层并没有这样的紧张感和急迫感，也就是很多经济学家所指出的那样，权力紧紧握在手中不放，是因为权力有油水。这是中国式放权的难点。

企业家向政府呼吁放权，半是受到全面深化改革方案的鼓励，半是在微观环境中确实遇到了很大的困难。放权的环境是存在的，有时候需要一点打虎式的决断力。简政放权也好，依法治国也好，打大老虎也好，都是致力于让市场成为资源分配的主体，而不是让权力和裙带成为主角。

（原载于2014年8月1日《北京商报》。作者：韩哲）

特招的官二代咋领导社会

关键词：权力代际转移

　　梳理一下已被曝光的特招事件，你会发现被特招为公务员的官二代，有不少属于那种凭个人能力在社会上很难混到饭吃的人。其中，有智力缺陷者，有读书期间成绩倒数者，有无医学专业背景却被卫生部门录用者，如此等等。真不敢想象，如此缺乏竞争力的官二代，将来如何"为人民服务"。

　　都知道，法治社会，权力属于公众，公务员岗位需要公平竞争，但最近曝光的"局长之子未毕业直接当公务员"这件事儿无疑再次颠覆了常识。新闻说，湖南冷水江市人事局局长曹某某打报告，申请将其正读大学的儿子小曹特批为公务员，经领导批准，其子被安排到财政局。此事被曝光后，冷水江市很快就取消了小曹的录用资格，并责令纪检监察部门组成调查组，追究相关责任人员。

这事儿说起来，还是个权力代际转移的问题，公共权力在某种范围内，由官员私下里支配，而不是由公众说了算。某些官员之所以敢这么干，大多是因为，违法乱纪的成本很低。比如冷水江这件事，其实只是个意外——如果不是网络曝光，事情也就悄悄过去了。曝光后，该市倒也煞有介事地调查了一下，结论是："网帖反映的情况基本属实"，"组织上对曹局长进行了批评教育"。

这样的调查结果，跟前不久宁夏吴忠市执法机关"跨省拘捕"举报官二代特招问题的王鹏一案，没什么不同。"跨省拘捕"案被责成纠错、调查之后，到现在好像仍旧没个结果。是调查难，还是难调查？冷水江的"特招门"，究竟谁是幕后责任人？调查组该不该由当地纪监机关担任？这都是明白无误的事儿。就像，"特招门"远不是什么孤例，不能只是"发现一起查处一起"一样浅显。冷水江人事局一位副局长此前对记者说得很清楚："如果这个事你们查，还多的是。"这话表明，有些调查是牵一发而动全身的事儿，它同时还印证，当地一位网友所说的"冷水江成了官二代社会"之言属实。

显然，"官二代社会"，不只存在于冷水江，回顾一下过往被曝光的无数"特招门"就清楚了。某些官员之所以热衷于玩特招，基本上是因为他们深知当官、做公务的好处所在，希望子孙后代都吃上这碗饭。而之所以要走特招的路线，自然是对子女的竞争力没信心，担心普通百姓的子女能力太强。有些官员，为了子女被顺利特招，几乎到了无所不用其极的地步：为子女量身定做岗位的有之，跨省拘捕举报人的有之，连跳楼威胁以期孩子被招录者也有之。

梳理一下已被曝光的特招事件，你会发现被特招为公务员的官二代，有不少属于那种凭个人能力在社会上很难混到饭吃的人。其中，有智力缺陷者，有读书期间成绩倒数者，有无医学专业背景却被卫生部门录用者，如此等等。真不敢想象，如此缺乏竞争力的官二代，将来如何"为人民服务"，如何引领社会的发展方向，"官二代社会"将是什么样的社会！

在"恨爹不成刚""拼爹游戏"甚嚣尘上的语境下，许多官二代们的表现，令人不安。当下，权力代际转移的最大问题，并不是拉大贫富差距，制造社会不公这么简单。更值得警惕的是，特招的官二代们未来会不会成为社会的主导者。玩特权，是一种腐败行为，这种腐败会不会随着权力的代际转移而转移？通过民主与公平的竞争，才是社会发展的活力之源，那些无竞争力的官二代会不会成为"扶不起的阿斗"，欲将社会领向何方？

从这个角度来看，愈演愈烈的官二代特招现象，本应按严重危害社会的腐败行为来治理，而不能总是仅止于对涉案官员"纠正错误""批评教育"。

（原载于2010年12月28日《广州日报》。作者：椿桦）

谁来为"萝卜招聘"担责?

关键词：萝卜招聘

　　所谓"萝卜招聘"，是网民们对"量身定制"招聘干部的一种形象比喻。指主考单位为有关系的候选人量身定制招聘条件或者职位，从而让关系户成功应聘。

　　引起广泛关注的"武汉市公路管理处录用领导干部子女5人"事件有了初步结果：武汉市交委做出决定，取消4名干部子女应聘资格。但是，初步的结果决非事情终结，公众更要看到的是：这样的"萝卜招聘"是否又将"下不为例"？谁来为这样的错误行为担责？

　　从披露的事实看，武汉公路管理处录用领

导干部子女，不仅违背基本的人事招录的回避制度，而且几个领导子女个个都是所报岗位的"第一名"，如此荒唐的现象，没有特殊的"外力帮助"何以实现？更令人惊异的是，武汉市公路管理局有关人士还称"招聘没问题""内部子女参与很正常"。

近年来，诸如此类的"内部招聘""萝卜招聘"事件屡有出现：湖南武冈卫生系统免试招录，不少领导的直系亲属既无医学教育背景、也不具备调入资格却公然被录；湖北省利川市人社局招聘，面试结果前两名均是人社局及其下属单位干部的子女……类似事件均是媒体曝光后才得以处理。

值得注意的是，尽管相关部门都以"取消招聘资格"作为对舆论的回应，但是"严查、严处责任人"却鲜有实质下文。重新招聘等做法不能成为"免责挡箭牌"，更不能是"问责障眼法"。决不能让"萝卜招聘"曝光后，媒体热闹一阵子，网友期待一阵子，主管部门忙活一阵子，会议再开一阵子，招聘暂停一阵子，然后"一切照旧"。

"萝卜招聘""内部招聘"事件屡屡发生，并非缺乏相应制度管理。为了防止可能出现的内部交易等行为，无论是公务员招考，还是事业单位招聘，各级都制定了完善的招考制度和严格的招考流程。然而没有严格的执行和监督，再好的规定就只能成为摆设，也无法制约"暗箱操作"和权力滥用。

"萝卜招聘"有碍社会的公平公正，损害了大多数人的利益，也会降低政府的公信力。对于这样的违规招聘，理应追查到底，问责到人，惟其如此，才能有效防止公权力滥用，才能真正实现招聘的公正、公开、公平。

　　（原文系2012年6月7日新华社电稿。作者：廖君）

壤污染调查或许另有 "机密"

关键词：信息公开

以"机密"为由拒绝公开政府信息的事例，近年来时有所闻。比如，律师王先生向财政部申请公开机场建设费的收支情况，遭到拒绝，理由是相关资金属于"国家秘密"。又如，《中国行政透明度观察报告（2011—2012年度）》披露，北京大学一调研机构向中央银行了解"人均办公经费"，也被对方以"国家秘密"为由拒绝。

北京律师董正伟1月30日向中华人民共和国环境保护部提交了信息公开申请，要求公开环保部门和国土资源部2006年开始的一项调查的相关数据。近日，他收到政府信息公开告知书，称"全国土壤污染状况调查数据属于国家机密，根据政府信息公开条例第14条规定，环保部不予公开"。

空气污染的数据可以即时公开，水污染的数据可以即时公开，食品、药品等安全信息可以即时公开，为什么土壤污染状况的信息作为"国家机密"不能公开呢？此事引发公众和媒体的质疑。

人们总是对不能公开的信息抱有好奇心，特别是对那些没有正当理由不公开的信息，尤其充满求知的渴望。于是乎，人们猜测是否土壤污染程度严重到不能告诉老百姓，怕引起某些麻烦。很多媒体发表评论，也多是从这个角度加以分析，劝告环保部要相信人民群众，老百姓知道真相天塌不下来。

我怀疑环保部以"国家机密"为由拒绝公开土壤污染信息，倒不一定是担心老百姓对土壤污染状况产生什么不稳定的情绪，而是这项据说花费10个亿的调查，本身就存在问题，根本就拿不出经得住公众检验的科学调查数据。去年，国家审计署的一位官员告诉我，一项有关治理土壤污染的环保项目，花费了天文数字的巨资，结果审计评估根本没有多少效益。我不知道是否指的是环保部门的这个"国家机密"，还是另外有其他项目的问题。很多年前，我和我的同事探讨过一些部门的所谓"机密""保密"，其实保的并不是先进的秘密，而是那些落后的秘密。当然，有极为特殊的落后秘密也要适当保密，不让外面的人摸清我们到底发展到什么水平。但土壤污染状况也当作"国家机密"，简直令人不可思议。

土壤有没有污染，如同空气、水有没有污染一样，你不公开并不代表不存在问题。公开真相，公众监督，大家一起想办法改进，可以促使问题早日得到解决。今年一些地方出现雾霾天气，各地政府和气象部门及时发布信息，公众主动响应政府号召，减少燃放烟花爆竹，尽管还是出现一定程度的空气污染天气，终归是有所缓解。不把真相告诉公众，结果必定是污染愈加严重。特别是土壤污染，不像空气污染、水污染那样直观，公众单凭眼睛看、鼻子闻、舌头尝是不能感觉到的。我曾经就凭借直观感觉判断空气质量比奥运会期间退步了，并为此与原市环保局副局长杜少中争了一番，事实证明我的直观感觉比他那些仪器还灵验。我至今还没有想明白，为什么花了那么多钱买了仪器会让杜少中判断失误呢？倘若他的判断不失误的话，或许可以提前一两年就搞PM2.5监测和治理空气污染。

土壤污染调查信息不能公开，或许不是常人理解的"国家机密"，而是另有难言之隐。这种部门内部的难言之隐，当然也可以称之为一种"国家机密"，但最好称之为另类"国家机密"或"部门机密"。

（原载于2013年4月28日《北京日报》。作者：苏文洋）

环保官员输给污染企业，谁的悲剧

关键词：环保无力

典型案例：之一，江苏省仪征市环保局党组书记侯宜中自2006年起，向上级举报企业污染，奔走呼吁多年，直到去职仍然坚持不放弃。之二，2010年6月，安徽固镇县环保局6名干部因为依法对污染企业执法，而被县政府免职，领导称环保执法不利于招商引资。

63岁的侯宜中与位于江苏仪征的扬州化工园已"较劲"8年。退休前曾担任仪征市环保局党组书记的他，为举报扬州化工园企业污染和环保违法违规，连续8年向上级有关部门举报污染和问题，反应情况和建议，得到了上级领导和部门的重视，解决了一些问题，但问题依然存在。8年来，他累计撰写调研材料、信访件已近30万字。"为城市环境和百姓碧水蓝天，我会一直坚持下去，哪怕终老，直至仪征生态文明，百姓满意。"（人民网11月19日）

不少网友指责侯宜中在任上不作为、退休后才作秀，这与事实不符，侯宜中在任上就开始举报，惜乎效果不明显——记者探访发现，扬州化工园邻近仪征主城区，在城区能隐约嗅到化工废气的味道。当地群众反映："园区企业化工废气排放严重时，眼睛睁不开，喉咙作痒，在家不敢开门窗。"正因此，侯宜中的举报不得不持续至今。事情的吊诡之处在于，既然侯宜中时任仪征市环保局党委书记，为何不依法关停？

一个细节也许道出了侯宜中的无奈。侯宜中接受采访时曾表示，"比以前好多了，现在一发现化工废气扰民，仪征环保局就敢叫停了。"换言之，仪征环保局以前不敢叫停。为何不敢叫停？个中原委，此前媒体已有披露，一个原因是，扬州化工园行政上归扬州市管理，仪征环保局作为下级单位仅有项目初审权，而并无决定权，管理起来诸多掣肘。另一原因是，扬州化工园是扬州市的支柱企业，仅优士一家企业，2008年即上缴税收2亿元。此外，侯宜中透露，扬州化工园主管环境的管委会副主任吴汛，其丈夫正是优士的领导，"按理说是应该回避，本来是猫抓老鼠，现在猫和老鼠一家人，怎么管？"

侯宜中面临的困境，显然不是一个人或一名官员所遭遇的困境。时任山西省环保局局长刘向东在接受央视《新闻调查》采访时坦言："环保是什么呢？没有枪、没有炮，只有冲锋号，只会吆喝。"刘向东还说："它（基层环保局）这个猫呢是地方政府养的猫，它这个猫能不能捉耗子，捉几只是由政府部门说了算，不是环保部门说了算。"如果这个猫不听话就开始捉耗子呢？赢得的不是褒奖，恐怕是责骂，是吃不了兜着走。

2010年5月28日，固镇县委组织部就已下发了通知，对包括时任固镇县环保局乔振稳在内的环保局6名工作人员予以集体停职。原因是，环保局此前多次去当地一家企业检查，影响了招商环境和发展环境。但真相是，这家企业"未批先建"，在未进行环评的情况下，私自上马了一个锅炉项目。执法人员还发现，这家企业在缴纳排污费方面存在一些问题，违反了排污费征收相关条例。对此，时任安徽省环保厅副厅长王文明确称，处理是"不对的"，环保执法人员到企业检查，是履行其职责，"既没有吃拿卡要，也没有其他违法违纪行为，应该说是正常的。"悲哀的是，尽管当时安徽省环保厅立即与固镇县进行了交涉，但效果不明显。

应该承认，在基层中，既有不作为甚至乱作为的环保部门，也有想作为而备受掣肘的环保部门，不应该认为所有的环保部门和环保官员都是尸位素餐，像侯宜中以及固镇县环保局相关官员，堪称不辱使命，但他们往往有心无力。一名从业多年的基层环保官员感叹："首先你要履行环保职责，拒污染于辖区之外；但同时，一些地方政府为了GDP，可能会上污染项目，对污染企业睁一只眼闭一只眼，这让基层环保部门无能为力，环保局长也往往身处尴尬的地位。"对此，该如何破解这种难题？有人提出环保部门应实行垂直领导，事实上当前的地方环保部门接受双重领导，一是上级主管部门的垂直领导，一是受当地政府领导，由于其人财物由地方人大、党委和政府决定，对当地的依赖性显然更大，这也许就导致了一些地方环保部门的无力与无奈。

　　十八届三中全会通过的《中共中央关于全面深化改革若干重大问题的决定》（简称《决定》），其中对环保着墨不少，比如，建立生态环境损害责任终身追究制，改革生态环境保护管理体制。换言之，官员再也不能唯GDP马首是瞻，认为把经济搞上去、环境破坏了也没事；而且引入独立的环境监管、行政执法和环境信息公开、社会监督，可逐渐破解不少地方存在的"地方保护主义"。此外，《决定》加强中央政府宏观调控职责和能力，加强地方政府环境保护等职责。简言之，基本的环境质量、不损害民众健康的环境质量是一种公共产品，是政府应当提供的基本公共服务。实现这一目标，除了完善制度建设，更需要将制度落地，真正使环保部门敢于执法、严格依法执法。

（原载于2013年11月19日中国国际广播电台官网"国际在线"。作者：王石川）

《物权法》为何扛不过"拆迁条例"

关键词：法规"打架"

2009年11月21日，中央电视台《经济半小时》报道，一名新西兰国籍的上海女士，站在自家四层楼顶上用"汽油弹"与补偿太低的强拆一方对抗；11月7日，《今日早报》报道，昆明市螺蛳湾批发市场上千商户上街阻断交通，抗议"没有任何赔偿"的拆迁；11月22日，《华西都市报》报道，重庆奉节一六旬老人因拆迁补偿金相差22万元，一怒之下爬上自家一棵15米高的桉树"窝居"3个半月……

都是被"拆迁"闹的！结果：同样持新西兰国籍的这位上海女士的丈夫，事后被判妨碍公务罪，祖传私宅当场被铲车铲平；阻断交通的上千商户中的24名带头闹事者，被警方带离审查；树上"窝居"的老人下地后，有报道说即被以涉嫌聚众扰乱社会秩序罪刑拘……

就这几起拆迁闹剧的起因看，归根结底牵涉的是利益问题。虽然，表面上看是被拆迁方个人利益与拆迁方部门利益的博弈，但实际上折射出的是国家法律与地方法规的矛盾冲突，而且从中也反映出法律被部门利益无情"绑架"的苗头，至少它让人产生这样一种忧虑。

面对铲车的强拆，上海这幢被拆楼的女主人站在屋顶高喊："你们是哪个法院的，有没有法院的判决书？如果没有，就是强占我的土地，侵犯我的财产。"可见房主也是知法的。目前对个人财产保护最有权威的法律当数已经颁布并施行的《中华人民共和国物权法》（简称《物权法》），然而遗憾的是，它却与仍在施行的《城市拆迁管理条例》（简称《条例》）相冲突。

于是，一个手持《物权法》，另一个高举《条例》，各用各的法，各说各的话。拆迁双方较劲抗争的背后，实际上是法律与条例在打架。按理，国家法律大于行政法规，但是在目前的城市拆迁中，却总有一只无形的手"插"在其中，那就是"权力"。

胳膊总是拧不过大腿，尤其反映在拆迁这事上，个人总是弱势的一方。即便是拥有新西兰国籍、识文知法的夫妇，最终也在消防高压水枪下败下阵来，那无权无势的老农也只能用上树"窝居"这一招了，用这种不是扔汽油瓶的"非暴力"方法抗争。可是，位于上海市闵行区、建筑面积480平方米的一幢四层小楼的主人，却只能获赔每平方米761元的房屋重置补贴，以及1480元的土地补偿，这总共67.3万元的拆迁补偿，按当下疯狂的高房价，到哪里去买像样的房子？还有昆明这家从业人员超过10万的市场，被强行关闭后，在市场里人均投入了50万元租金等费用的经营户们，他们眼下的生计怎么维持？

我的脑子里突然冒出"弱肉强食"的成语。不是吗？你扔汽油瓶，我有高压水枪；你要"闹事"，我就抓你。而吉林市临江小区一拆迁户更可怜，11月19日户主赵老太去找临时过渡房，73岁的老伴因拿不出6000元租房费想不开而寻短见，可有关部门不顾该家正在办丧事，房子照拆不误。这是何等的强权，何等的没有人性。

拆迁中反映出来的种种闹剧，都让《物权法》的"私人的合法财产受法律保护"和《宪法》的"公民的合法的私有财产不受侵犯"成一纸空文。我赞同《经济半小时》中有关法学专家的说法：在这场法律和法规之争的背后，隐藏着一场利益之争，面对靠土地拍卖来增加财政收入的地方政府，势单力薄的老百姓拿的《物权法》实际上是一个被拆掉引信的手榴弹，没有任何威力。

（原载于2009年11月23日《今日早报》。作者：王国荣）

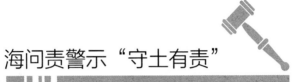

海问责警示"守土有责"

关键词：守土有责

  2014年12月31日晚，很多游客、市民聚集在上海外滩迎接新年，23时35分许，在黄浦区外滩陈毅广场上，因进入和退出的人流对冲，致使有人摔倒，发生了严重的踩踏事故。截至2015年1月23日11时，事件共造成36人死亡、49人受伤。1月21日，上海市公布的调查报告认定，这是一起对群众性活动预防准备不足、现场管理不力、应对处置不当而引发的拥挤踩踏并造成重大伤亡和严重后果的公共安全责任事件。

  22天前那个惊恸的元旦倒计时，众多家庭的希望被踩碎在上海外滩，36个鲜活的生命，以黑色的字体呈现在公众面前。悲剧的调查与问责，也伴随着悲痛和质疑，由此展开。

1月21日上午，上海市联合调查组公布了调查结论：黄浦区政府和相关部门领导思想麻痹，严重缺乏公共安全风险防范意识，对重点公共场所可能存在的大量人员聚集风险未作评估，预防和应对准备严重缺失，事发当晚预警不力，应对措施失当，是这起拥挤踩踏事件发生的重要原因。同时，包括黄浦区区委书记、区长、上海市公安局指挥部副主任在内的11名官员被问责。

思想麻痹、风险意识匮乏、预案缺失、预警不力、应对失当……接二连三的失误，也让人痛心并难以接受：如此原始的踩踏悲剧，如此荒疏的管理漏洞，怎么会发生在向有精细化城市管理之名的上海，发生在中心城区黄浦？

细读调查报告，迷惑渐解：非不能也，是不为也。

再丰富的经验、再精细的管理、再高超的能力，在"群众自发性聚集活动"面前，都需重新检验。因为官方组织的跨年灯光秀活动取消了，只剩下"群众自发"的迎新活动，似乎政府就可以免责，高枕无忧。然而，每逢节假日必成风险点的外滩，并不管你有否官方活动，人流依然汹涌，又怎会区分"官方组织"还是"群众自发"？

为了规避责任风险取消官方灯光秀，却恰恰发生了安全惨剧。这很像是讽刺。

事与愿违，盖因政府部门忽视了安全责任，细致预案不做了，密集警力打折了，限流措施取消了。重大隐患就此埋下。

问责如山。然而，处分11位领导干部，并不是事件的终结。"群众自发，政府免责"的思路，在很多地方根深蒂固。"谁组织谁担责"的问责规矩，被诸多法律法规固化，而无人组织的群众聚集活动，仿佛就该无人担责。如果不加警觉，悲剧昨天发生在上海，明天也许还会发生在别处。特别是在人口导入型的特大城市，任何政府打盹儿的公共区域，都可能瞬间变成安全的痛点或软肋。

上海的这一次问责，终结了"群众自发，政府免责"的惯例。黄浦区一、二把手全被追责免职，被指"贯彻落实国家和本市有关突发事件应急管理工作的法律法规不力，对辖区内相关部门履行突发事件应急管理工作职责不到位的问题失察"，"对辖区内突发事件应急管理工作领导不力"。上海以血的教训首开先例，也给全国敲响警钟：即便是群众自发活动，政府亦无法免责。责任缺失酿成的公共管理盲区，因为这次外滩踩踏事件而太过醒目。

堵上法律认识漏洞，重在堵上思想的漏洞。在百姓安全这条底线面前，领导干部没有"免责"一说，只有始终怀抱如临深渊、如履薄冰的责任感和紧张感，强化生命至上的红线意识，强化安全底线思维，强化各级安全责任，才可能杜绝任何细节上的疏漏。

踩踏事件之后，上海市主要领导沉痛自省："党和人民把这么重要的一座城市交给我们管理，我们应当竭尽全力，用我们的心和所有的精力，去保护这座城市每一位市民的生命安全和财产安全、去维护整座城市的安全。"领导干部只有守土有责，把百姓安全、人民利益看得比天还大，才会不计较、不推诿，承担起应尽职责；才能在面对人民和后人时，问心无愧。

（原载于2015年1月22日《人民日报》。作者：李泓冰）

摸着**法律**过河
——依法为窗

极端维权与弱者暴力

关键词：极端维权

2015年2月2日，河南省西峡县一群业主拦停一列火车达20分钟。多名当事业主称，当地一开发商"一房多卖"导致上千人被骗，他们找县政府申诉上百次均未获满意答复，只好做出极端之举。2011年5月26日，江西省抚州市检察院停车场、临川区行政中心西楼、临川区药监局大楼旁发生连环爆炸案，造成多人死伤。爆炸原因是该市一农民对正在审理中的一起案件不满，他本人也在爆炸案中死亡。

近年来，以自残乃至自杀等极端方式维权的报道，不时见诸报端。唐福珍案、江西宜黄

拆迁事件、开胸验肺事件、首都机场爆炸案以及新近发生的报社门口集体喝农药事件，都是极端维权的典型事件。

这些极端维权事件的一个共同要素就是"悲情"。只有够"悲情"，才能吸引更多人的眼球，进而引起轰动，使自身诉求得以伸张。然而，网络深入千家万户，一方面方便了诉求的表达与传播，另一方面，也降低了大众对"悲情"的敏感度。矛盾凸显期，诸如普通的拆迁纠纷之类的"悲情"并不稀缺，往往会因"太平常、太普遍"而难以引起大众的关注。在这种背景下，要想在诸多"悲情"中脱颖而出，走"极端"无非是一条捷径。极端维权事件之所以频发，显然和这一大背景密切相关。

除了互联网这样一个开放平台上的"竞争"外，现实维权的不畅，侵权者难受制约，是构成极端维权事件频发的根本原因。上述这些维权事件，很大一部分并不是一开始就走"极端"，都是一步步被逼到"极端"以致自残甚至自杀的。被侵权公民如果觉得权利得不到保障甚至面临生死存亡时，以命相搏也是顺理成章之事。诚如《济南时报》所言："若非无奈，谁会拿命去换关注？一系列悲怆事件背后的现实是：这些弱势者的维权之路肯定遇阻，要么被相关部门推诿，要么被当地掌权者漠视，要么维权成本太高，在如此不畅的维权路上前行如同背石上山，难上加难。"对此，单纯要求极端维权者"理性、自制、合法"，显然是对牛弹琴。

只有侵权者"理性、自制、合（守）法"，才是避免被侵权者极端维权的根源所在。

有关部门对类似事件的处置不能做到有理有利有节，怕出事、回避问题，客观上助长了极端维权行为。面对问题和矛盾，有关部门不是从问题本身的是非曲直出发，有针对性地进行回应和解决，而是从笼统的大局、社会稳定出发，采取息事宁人的态度，甚至直接以权压人，缺乏细致入微的解释工作。而当维权者闹大后，有关部门又迫于舆论压力一退到底。结果，就形成了"小闹小解决、大闹大解决、不闹不解决"的路径依赖。而互联网无疑强化了这种路径依赖，客观上助长了极端维权式的"网闹"行为和风气。只是，有关部门的不作为伤害的"不仅仅是个人权利救济与保障机制的可行性，更是政府部门的公信力"。

全社会的"弱势感"，为极端维权事件提供了文化环境。有研究发现，有车族、大学教授等纷纷自称"弱势群体"。收入差距加大的被剥夺感，社会竞争中的不公平感，以及面对权力寻租的无助感，交织成全社会的"弱势心理"，"弱势感"正在蔓延，"比弱"也成为互联网上的典型现象之一。2013年3月31日，武汉一名城管队员在对一名中年占道小贩执法时，对方突然下跪求情，城管队员随即下跪，两人对跪一分多钟。一时间，"城管与商贩对跪"成为舆论热议的焦点话题。极端维权的行为，也是一种"比弱"

法治弱则民生艰

的行为。在全民"弱势感"增强的网络舆论场，更弱者往往是博弈中的胜利者。

弱者成为胜者，这是弱者博弈策略的胜利，但并不意味着弱者的天然正义。无序的网络情绪集结也可能形成群体非理性暴力。药家鑫案就是以弱者身份绑架民意的典型，但此案的正当性早已成为网民反思的重要话题。唐慧案中同样存在弱者"强势"的影子，在不久前发生的山东东平性侵女生事件中，已有不少网民呼吁汲取唐慧案的教训，不要被"弱者"标签干扰了是非判断。而动辄以命相搏的极端维权事件打的更是悲情牌，弱者的色彩更浓。这种情景中的弱者暴力一旦被激发，不但殃及涉事的强者（包括直接利益攸关方、政府等），甚至会殃及无辜，如首都机场爆炸案、带有报复社会性质的公交车爆炸案等。类似暴力行为，严重突破人们的心理底线，损害公权公信力，恶化社会预期，甚至形成恶性示范效应。

极端维权式的弱者暴力，伤己伤人伤社会，毫无疑问是负能量。对此，涉事者当然有责任。因此，对于突破社会底线的极端维权行为，社会舆论理应予以谴责，明辨是非——际遇或值得同情，行为实不值得鼓励。但另一方面也要看到，结牢社会底线之网不只是弱者的责任。弱者违法固然应当追究，强者违法同样应该受到制裁。矛盾产生之初，各方就能够恪守法律边界，协商解决问题，何至于积怨致暴力？

同样，负有守护社会公正之责的政府，更应该在表达机制、协商平台、博弈程序、权利救济、社会保障等多个方面发力，全力呵护法律这个社会最大的公约数，以保障弱者权利来有效遏制或消除弱者暴力。

（原载于2014年8月7日新华网"新华舆情"。作者：李向帅）

"突击花钱"背后是预算"体制之痛"

关键词：年底突击花钱

　　每到年关临近，一些机关单位的领导恐怕在为同一件事着急：怎么把今年预算的钱花光，否则剩余的钱要退回财政。于是，一些部门"突击花钱"现象就会扎堆出现，随之而来的财政资金浪费、政府采购腐败等后果不容小觑。

　　"年底两个月财政将突击花钱约3万亿元"的消息经媒体报道后，在国内一石激起千层浪。2012年12月4日，财政部财政科学研究所所长贾康表示，这个所谓"财政年底突击花钱"问题引发的关切与近期坊间传闻今年财政"超收9000亿元"之说有关，而这种说法不靠谱。不过他也认为，细化预算降低弹性有利于减少有些单位的"突击花钱"现象。

近年来，财政支出总会出现下半年尤其是年底突击花钱的情况。中央财经大学财经研究院院长王雍君此前指出，因为财政安排比较稳定，但财政收入呈现季节性特点，有时财政收入不能及时入库，所以导致支出延期，这是导致年底"突击花钱"的原因之一。此外，各部门没有支出进度化的紧迫感，年底出现结余后，为防止明年预算缩减而"突击花钱"。

每到年终岁尾，"哗啦哗啦"点钞花钱之声便从各地政府传来。譬如，2011年年底，各级政府"突击花钱"的不规范行为再现。湖南省财政厅、文化厅在一次政府采购中，原本1500万元可以完成的采购，最后却以3000万元成交。对此，湖南省文化厅相关负责人表示，原因之一是预算执行的需要。这就一语道破了年终"突击花钱"的天机。

每到年关临近，一些机关单位的领导恐怕在为同一件事着急：怎么把今年预算的钱花光，否则剩余的钱要退回财政。于是，一些部门"突击花钱"现象就会扎堆出现，随之而来的财政资金浪费、政府采购腐败等后果不容小觑。譬如，去年年底就发生多起政府部门"天价采购"事件：抚顺市政府指定采购报价2398元的"天价U盘"；乌鲁木齐市水磨沟区人民法院在网上发布询价公告，采购两台豪华电动按摩椅等。由此可见，类似湖南省文化厅这样"买贵不买对"的做法早已并非个例，而是我国现行财政预算体制的产物。

按理说，行政机关厉行节约理应得到鼓励和表扬，但现行财政预算执行评估机制中，增收节支非但不是一种美德，更像是一种"罪过"。由于现行财政预算实行的是粗放式管理模式，使得虚报预算的现象普遍存在，直接导致不少部门得到了远远超出实际需求的预算编制。这一方面是因为预算请款单位往往会预留必要的弹性空间；另一方面也因为预算审批部门惯用"头戴三尺帽，拦腰砍一刀"的简单操作方式，使得各级机关单位一般不敢轻易按需申报。因为如果来年需要追加预算就会难上加难，而如果年初核准的预算数字水分偏高，年末自然就有钱花不出去的"烦恼"。

由此可见，年终"突击花钱"之痼疾问题出在政府机关部门，而根子却在财政预算体制的弊端。虽说对于"突击花钱"的弊病从中央到地方都曾明令禁止，但年终"突击花钱"的现象依旧。因此，若想克服机关单位年终"突击花钱"之乱，就必须对财政预算体制进行一次大刀阔斧的改革。也就是说，要想从根本上杜绝"突击花钱"，光有文件规定或者单纯靠部门自律是行不通的，关键还要靠制度约束。一方面，要加大预算使用绩效的监督力度，特别是要增加预算执行透明度，接受公众监督，以拧干预算中的水分；另一方面，在改革现行财政预算制度的同时，加强公众对政府财政的监督，进一步完善"突击花钱"的问责制，严厉处罚那些地方部门及责任人年底"突击花钱"的违规行为。唯有如此，才能从根本上遏制年终"突击花钱"之乱象。

（原载于2012年12月6日《法制日报》。作者：吴学安）

长吻文件之喜与"跑部钱进"之忧

关键词：跑部钱进

前国家审计署审计长李金华曾如是解读："跑是一个足字旁，还有一个包，要带包去跑。谁跑得多，部委情况了解多，就可能多获得一些拨付款。"归根结底，"跑部钱进"产生的最根本原因，是"权力部门化""部门利益化"所导致的财政支出随意性。而中央部委的权力过大、管辖范围过宽，又缺少足够透明度，自然引发了各地对有限资源的争夺。

报载，5月24日，广东湛江千万吨钢铁项目获批，湛江市长王中丙走出国家发改委大门时，忍不住亲吻项目获批文件，这个场景经照片定格后，迅速在网络上广为传播，引起舆论热议。

在发改委门前亲吻批复文件，对于堂堂一市之长来说似乎不太雅观。然而，"别人笑我太疯癫，我笑别人看不穿"，拿到批文的一刻，再华丽的辞藻都不如深情一吻更能表达市长内心的激动。毕竟，湛江作为发达省份的欠发达地区，700亿元的钢铁项目意义非同寻常。更何况，该项目先后5次上报，历经30多年才最终获批。

不过，市长吻文件之喜，更源自"跑部钱进"的艰难。在返回的航班上，王中丙市长百感交集："从湛江上北京，从北京回湛江，像这样匆匆来去、往返、奔波，已记不清有多少次。"当地媒体则如是描写："市委书记一个一个司、一个一个处去拜访报告，一个上午来回跑了十几趟……市长在发改委各部门来回做工作……市政协副主席成了'空中飞人'，一下飞机就跑到国家发改委'上班'。"

欢喜之外，也有不解的声音。据中国钢铁工业协会副秘书长李新创透露，钢铁业现有产能可能已超过年产9亿吨水准，去年国内钢材消费加上出口不足7亿吨。前不久有媒体报道，一公斤钢铁的价格抵不过一棵白菜。在这样的背景下，钢铁行业内对湛江、防城港两个项目的最终获批有一种惋惜的声音——"也许错过了最好的时期"。我们无法推测，湛江市跑项目在多大程度上影响了发改委的决策，但公众很自然地会有这样的疑问：如果不跑，钢铁项目会获批吗？

哪些项目该上，哪些资金该投，本应基于理性的决策考量。"跑部钱进"难免干扰决策的科学性，影响其他地方的发展权益。前国家审计署审计长李金华曾如是解读："跑是一个足字旁，还有一个包，要带包去跑。谁跑得多，部委情况了解多，就可能多获得一些拨付款。"归根结底，"跑部钱进"产生的最根本原因，是"权力部门化""部门利益化"所导致的财政支出随意性。而中央部委的权力过大、管辖范围过宽，又缺少足够透明度，自然引发了各地对有限资源的争夺。

避免上述现象，一方面要尽快为财政转移支付立法；同时加强对部委权力约束，审批程序和依据要向人大、媒体公开，接受监督；建立决策项目绩效考核，遏制随意批条的利益冲动。

（原载于2012年5月30日《信息时报》。作者：张枫逸）

谁该为官员"带病复出"担责？

关键词：带病复出

官员复出曾有不少"奇葩"案例，这些案例都表明，问题官员的复出之路还远未得到规范执行。往往是复出已"生米煮成熟饭"，才靠媒体监督、公众热议来提醒有关部门检视其合法性，与依法治国的总体要求相去甚远。

近日，长春两名复出官员引起关注。2013年6月长春德惠市宝源丰禽业公司发生特别重大火灾爆炸事故，共造成121死76伤，时任德惠市委书记张德祥、市长刘长春被撤职。从今年4月开始，两名官员先后低调复出，张德祥担任长春净月国家高新技术产业开发区管理委员会副主任，刘长春则担任长春公交集团董事长、党委书记、总经理。

今年初修订的《党政领导干部选拔任用工作条例》中明确指出："引咎辞职、责令辞职和因问责被免职的党政领导干部，一年内不安排职务，两年内不得担任高于原任职务层次的职务。"而根据《行政机关公务员处分条例》相关规定，受撤职处分的公务员处分期限为24个月。正如不少专家所言，这两名官员的复出时限不足，已涉嫌违反相关规定。如果这种"低调上岗"不及时纠正，等到舆论关注一过，本来涉嫌"带病复出"的官员也可能成功上岸。

官员复出曾有不少"奇葩"案例，比如著名的"闪电"复出：山西省静乐县原县委书记杨存虎因其女儿吃空饷被免职，两个月后就起复改任山西省忻州市环保局官员。两个月时间，可能去职手续还没办完呢，入职手续又要办了。还有所谓的"乌龙"复出：2012年，因受贿被免职的原周口市扶沟县人民检察院检察长薄玉龙起复后竟担任周口市检察院反渎职侵权局政委，被媒体曝光两天后再度被免，理由为"不适合现任岗位要求，造成了不好的社会影响"。官员任免俨然儿戏，让人哭笑不得。

这些案例都表明，问题官员的复出之路还远未得到规范执行。往往是复出已"生米煮成熟饭"，才靠媒体监督、公众热议来提醒有关部门检视其合法性，与依法治国的总体要求相去甚远。因此，除了查清复出官员是否有资格重新任职外，更应该追查做出允许复出决策的究竟是谁、基于何种考虑、通过何种程序做出的。但目前来看，哪怕明显不合规的官员复出夭折了，当初批准其复出的决策者却很少受到处理。

从政治伦理上来讲，人非圣贤孰能无过，官员不是不能复出，只不过需要依法依规、公开透明地复出，而不能像很多案例中一样无监督、无考察地复出。这一方面表现在官员被问责免职之后，就淡出公众视野。但有的还级别照享、工资照拿，不像惩戒更像是"带薪休假"。同时，免职期间官员做了哪些事，处于何种状态鲜有反馈，复出也缺乏工作实绩的考察，面对舆论质疑只是一句"符合相关规定"应付了事。另一方面，官员起复缺乏明确判定标准，如何衡量其反省程度、是官复原职还是降职使用都没有明确规定，留下了过于宽松的自由裁量空间。

因此，必须将官员复出纳入法治化轨道，出台更加明确的程序规定，尤其是让对官员有任命、监督权的各级人大真正履行起职责来。更需值得注意的是，一些官员"带病复出"不排除有更高位置上的现任领导干部为其背书铺路，因此对复出过程中出现的违规操作更要一追到底，还可能牵出幕后"大老虎"。

官员复出监督刚性不足，可能让个别部门将"官员免职"演成一出免职者与被免者都心有灵犀的"样板秀",平息社会舆论以后撤职官员"又是一条好汉",这是最应避免的恶果。在这种情况下,一些官员被问责或本就是代人受过,复出也不过是一种"承诺回报"。只有彻底以法治为官员复出之路导航,拒绝长官意志的干扰甚至操纵,偷偷摸摸的"带病复出"才会越来越少。

(原载于2014年8月20日《广州日报》。作者:张涨)

必须严惩"官渣"的恶行

关键词：嫖宿幼女

多地被曝发生数起"嫖宿"未成年女学生案件。尤其是官员、人大代表的犯案，对社会道德、人际关系的良性运行，对政府的公信力，都会产生极大的冲击，也破坏了政府与法律权威，这是我们必须严肃对待的现实问题。

近日，原河南省永城市委办公室副主任李新功因涉嫌强奸未成年女性十余名，已被刑事拘留。此前不久，浙江、贵州也被曝发生数起"嫖宿"未成年女学生案件。这些被侵犯对象有的甚至只有12岁，犯罪细节简直令人发指，对此，相关部门必须从快从严地进行罚处。不如此，不足以平众怒，不足以重塑政府和法律的权威。

近年来，这些事件在中国社会不是一起两起了，这些恶性事件普遍具有潜伏性、隐藏性，往往很长时间都没有被发现和察觉，因此，从客观事实上看，公安部门如何执法，如何改进司法工作，如何保护与鼓励受侵害方及时报案，对避免类似事件、威慑潜在的犯罪分子至关重要。

从上述几起事件看，作案人往往不是普通老百姓，而是地方官员、企业家、人大代表等在一定地域内掌握行政权力、经济权力的有权有势者。他们的犯罪行为折射出了一些地方权力约束失控的严重问题，难怪民间有人称他们是"人渣""官渣"。

从这些年屡屡曝光有钱、有势、有权者的性丑闻可以看出，如何及时稳步地推进约束权力的改革，避免权力被一些人滥用，已经刻不容缓。对于这种犯罪事件，严肃法纪是第一要务，因为不管处于什么社会，这种突破人类社会伦理底线的事情都必须得到严厉惩处。

对这些犯罪者的严惩，同样是尊重民意的表现。民意是我们不能回避的。虽然有一些媒体热衷报道社会阴暗面、夸大负面的个案事件，但我们必须承认，发生如此触目惊心的案例对民意的凝聚具有摧毁力。尤其是官员、人大代表的犯案，对社会道德、人际关系的良性运行，对政府的公信力，都会产生极大的冲击，也破坏了政府与法律权威，这是我们必须严肃对待的现实问题。

一般来说，对于犯罪分子的惩处，会根据各种客观情况，量刑可重可轻。但无论从社会公众朴素情感，还是从比较法角度来说，享有公权力的人员进行的犯罪活动，都应从严惩处。他们受到法律严惩，既符合中国社会当前的民意要求，也符合依法执政的要求，同样符合国际上的一般原则。

强奸罪本身就是重罪，强奸未成年少女尤其罪大恶极，而对像上述那些强奸多名未成年女性的犯罪，执行极重的刑罚早已是国际惯例。在美国至少是终身监禁，在韩国则实施"化学阉割"，这些国家的严惩表明了此类问题的恶劣性、严重性。

（原载于2012年5月29日《环球时报》。作者：何兵）

法律思维与

FA LÜ SI WEI YU

WEI GUAN SU YANG

为官素养

领导干部是全面依法治国的关键

> 政治路线确定之后，干部就是决定因素。全面依法治国的蓝图已经绘就，关键就看各级领导干部带头落实的成效。

"全面依法治国必须抓住领导干部这个'关键少数'"。习近平总书记在省部级主要领导干部学习贯彻十八届四中全会精神全面推进依法治国专题研讨班开班式上发表的重要讲话，着眼各级领导干部肩负的重要责任，直指一些领导干部在法治意识和实际工作中存在的突出问题，对各级领导干部在全面推进依法治国进程中发挥引领带动作用提出了明确要求。

问题是时代的声音，也是思想的警钟。必

须肯定，改革开放以来特别是党的十五大以来，各级领导干部在推进依法治国进程中发挥了重要作用。同时也必须承认，在现实生活中，一些领导干部法治意识比较淡薄，有法不依、违法不究、知法犯法等现象还比较普遍。有的不屑学法、心中无法，有的以言代法、以权压法，有的执法不严、粗暴执法，有的干预司法、徇私枉法，有的则利欲熏心、贪赃枉法。那些落马的腐败分子，哪一个不是从无视以致践踏党纪国法开始犯罪的？古人云"法之不行，自于贵戚"。周永康、薄熙来等位高权重的腐败分子藐视法律、破坏法治，导致法治不彰，教训极为深刻。

法治不彰，党无宁日，国无宁日。事实表明，领导干部当中存在的这些问题，不仅恶化了一些地方和单位的政治生态，更影响了党和政府的形象和威信，损害了政治、经济、文化、社会、生态文明领域的正常秩序。这些问题不解决，全面依法治国就难以真正落实。所有领导干部都必须警醒起来，坚决纠正和解决法治不彰的问题。

"欲流之远者，必浚其泉源"。对于法治建设，领导干部既可以起到关键推动作用，也可能起到致命破坏作用。领导干部必须牢记法律红线不可逾越、法律底线不可触碰，自觉把对法治的尊崇、对法律的敬畏转化成谋划工作时的法治思维、处理问题时的法治方式，做到在法治之下，而不是法治之外，更不是法治之上想问题、作决策、办事情。党纪国法不能成为"橡皮泥""稻草人",违纪违法都要受到追究。

"权力是一把双刃剑,在法治轨道上行使可以造福人民,在法律之外行使则必然祸害国家和人民。"只有把权力关进制度的笼子里,权由法定、权依法使,让各级领导干部尊崇宪法、敬畏法律、信仰法治,自觉为全社会作出表率,我们才能朝着法治中国的目标扎实迈进。

（原文系2015年2月6日《人民日报》评论员文章）

摸着**法律**过河
——依法为官

领导干部不能成为改革阻碍

> 一些领导干部习惯于特殊身份和官位所带来的利益和特权，自己的利益丝毫动不得，手中掌握的权力丝毫分不得，这对改革无疑形成了阻力。

深化改革元年已接近尾声。自今年1月份召开第一次会议起，截至10月底，中央全面深化改革领导小组已经召开六次领导小组会议，下半年几乎每月召开一次，工作节奏明显加快。但是，毋庸讳言，也有少数领导干部对改革认识不够，推进改革的动力不足，有意无意成了全面深化改革的无形阻力。这种值得警惕的现象主要表现在以下几个方面：

"惯性思维"的束缚。长期执政环境下，部分领导干部产生了惯性思维或惰性思维。一些领导干部安于现状、不思进取，视改革为畏途，甚至有抵触情绪，不愿打破现状，不敢大胆创新；还有一些领导干部或是观念保守，或是能力不济，习惯于穿旧鞋走老路。这都给改革带来了不同程度的阻力。

　　"等待观望"的态度。一些基层干部认为改革更多属于顶层设计范畴，是上面的事，自己做好"底层施工"就可以了。有的怕承担改革的责任，担心改得越多错得越多，不敢担当，不敢作为，主观上改革意愿不足，积极性、主动性减弱。特别是近一段时间以来，中央对一些重点领域的重要工作进行了改进完善或重新定位，干部在思想认识和政策领会上需要个过程，一些领导干部想先看看别人怎么做再说，观望气氛比较浓。

　　"既得利益"的阻挠。改革的主要目标之一是打破既得利益。一些领导干部习惯于特殊身份和官位所带来的利益和特权，自己的利益丝毫动不得，手中掌握的权力丝毫分不得，这对改革无疑形成了阻力。既得利益者出于自我保护的心理，从改革方案的设计到相关改革举措的出台、落实等各个环节，会想方设法制造各种障碍，希望继续保持较多的权力、资源、话语权，保持较大的社会影响力。

　　"制度意识"的淡漠。受"官本位"思想的影响，领导

摸着法律过河
——依法为官

干部制度意识淡漠的现象还一定程度存在，制度的"笼子"还扎得不紧。部分领导干部在制度合乎自己利益时就强调按制度办事，不合乎自己利益时就想方设法越过制度。不敬畏法律制度，在法律制度面前我行我素，有法不依、有令不行、有禁不止，缺乏基本的法治思维和法治选择。

"脱离实际"的问题。一些领导干部制定改革举措时，往往和群众需求、基层实际存在不相适应的情况。有的操作流程复杂繁琐，实际效果却不好；有的方式方法简单粗暴，让群众难以接受；有的把过去工作翻新重现，难以形成改革效应。这样的改革举措既不能深化群众的改革认识，也没有给群众带来实惠，背离了全面深化改革的初衷。

领导干部是带领群众推进改革的骨干力量，不能因为以上思维而在实际中形成改革阻力。领导干部只有以长远眼光、积极心态投身改革实践，踏踏实实干下去，才能实现全面深化改革的蓝图，不辜负人民群众的期待。

（原载于2014年11月27日《光明日报》。作者：尔令奇）

什么是法治思维和法治方式

凡做决策、处理问题，都要先找法律依据。有法律依据的，看看法律是怎么规定的，所提出的处理措施是否符合法律规定。没有法律的具体依据的，看看上位法、宪法中有没有原则性的规定，有原则性规定，要按照法律原则进行办理。

党的十八大报告提出，"提高领导干部运用法治思维和法治方式深化改革、化解矛盾、推动发展、维护稳定能力"。在此之后，"法治思维和法治方式"这对概念不断出现在人们的视野中，从中央到地方的各级领导干部都强调要在实际工作中践行法治思维和法治方式。

如何从学理上阐释法治思维和法治方式？

法治思维

何为法治思维？简言之，法治思维就是将法治的诸种要求运用于认识、分析、处理问题的思维方式，是一种以法律规范为基准的逻辑化的理性思考方式。因此，法治思维需以法治概念为前设。人类政治文明发展至今，于法治概念之认知尽管不完全一致，但对其核心内涵包括精神、实体、形式等层面诸要件已经有基本共识存在。就中国当下而言，经过30多年砥砺耕耘，在法治概念上的初步共识也已基本具备。这是之所以提出法治思维命题的前提。

法治思维是一个文化范畴。广义的法治文化包含了精神、制度乃至物质等不同方面，而法治思维则属于精神方面的文化要素。法治文化的精神方面大概可以分为三个不同的层面。一是法治意识和观念的层面，这是最低最基本的层面。全社会成员都应当具备相应的法治意识、观念，才能够形成法治国家、法治政府、法治社会的观念基础。对于普通公民而言，既要有权利意识，又要有自觉遵守法律的义务观念；对于领导干部而言，除了相应的权利义务观念，则要有法治的权力观，以及带头守法、维护宪法与法律的权威的职责意识。二是法治思维和理念的层面，表现在法治意识和观念上升到思维、理念的层面，对制度建构和具体实践起到更加巨大的推动作用。三是法治的价值与态度层面，表现在人们的内心价值观和态度上对于法治的内在认同和尊崇，直至法治内化为人们的日常生活方式。这是法治文化的最高层面。由此可见，法治思维是在法治意识、法治观念基础上的进一步升华，运用法治思维则是对培育社会主义法治文化提出的更高层面的要求。

法治思维与学术界常讲的法律思维既有联系又有区别。法治思维与法律思维都是根据法律的思考，以法律规范为逻辑基准进行分析推理判断。二者的不同之处主要有二。其一在于法治思维蕴含着价值意义上的思考判断，即在法律思维中必须贯穿以人为本或者人权的基本价值标准。二是法律思维往往更侧重于强调一种职业化的思维方式，为法律职业者所掌握运用，而法治思维更侧重于强调一种治国理政的思维方式，是为执政者或者公权力的执掌者掌握运用的思维方式。所以，与法治思维所对立的是人治思维、特权思维，后者将权力置于法律之上，视法律为虚有之物。

法治思维在不同问题和领域的运用包含了不同的层次。概括而言，法治思维可以分为四个层次。

一是认知判断层次，即运用法治的概念原理对社会生活中的种种问题进行认识并得出初步判断的层次。人们可以根据法律对社会中的一些行为或现象得出是否合法的判断，例如饮酒驾车是违法行为。这种层次的法治思维，是普通社会成员都可以在不同程度上具备的。

二是逻辑推理层次，即运用法治原则、规范对问题进行分析判断、综合推理，并得出结论乃至解决办法的层次。法律职业者的思维多为这一层次。这一层次的思维是以通过法律解决个案为主要特征。

三是综合决策层次，即在前述法律性的认知判断、分析推理的基础上，还需要结合其他因素，进行综合性衡量，并做出符合法治要求的决策。对于领导干部而言，法治思维更多地体现在这一层次上。

四是建构制度层次，即在前面三个层次的思维基础上进一步深化、抽象，从而能够通过建构或改革法律制度对更宏观的问题提出长远的解决方案。这是最高层次的法治思维，也是高层级的领导干部所应当具备的。因此，考察法治思维能力的高低，应当按照对象和主体的不同设定不同的标准。

法治方式

简单地说，法治方式就是运用法治思维处理和解决问题的行为方式。法治方式与法治思维是内在和外在的关系，法治方式就是法治思维实际作用于人的行为的外在表现。可以说，法治思维影响和决定着法治方式。法治方式与原来人们常用的法律手段一词，在意义上相近。但，手段一词过于工具化，而方式则是更恰当更中性的描述。

与法治思维相应的法治方式，其外延更为宽泛。通常人们所说的"办事依法、遇事找法、解决问题用法、化解

卷二　法律思维与为官素养

矛盾靠法"，都是属于法治方式的范畴。凡做决策、处理问题，都要先找法律依据。有法律依据的，看看法律是怎么规定的，所提出的处理措施是否符合法律规定。没有法律的具体依据的，看看上位法、宪法中有没有原则性的规定，有原则性规定，要按照法律原则进行办理。有些事情可能是全新的，也要按照法律的基本原理进行比照处理，使之符合法律精神、合乎法理。有些情况下，出现法律规则之间相互冲突的情况，则要按照下位法服从于上位法的原则，依照法定程序来处理。

就法治方式而言，一个重要方面就是要消除在旧的思维模式下所形成的一些与法治要求不符的办事方式。例如托关系、找门子的办事方式。在传统的熟人社会、人情社会下，遇事"找熟人""走关系"往往是人们的第一选择。人们通过关系进行社会资源之间的互换，使得法律失去应有的效果，往往导致社会资源利益的无效率、浪费。例如选择性执法。法律是否适用、对谁适用、如何适用，皆取决于执法者自身的判断甚至好恶，最终导致法律失去公正性，丧失人们的信任，失去效果。而法律实施机制的失效，又使得一旦有人逃脱了法律的及时制裁，其他人就会形成"法不责众"的扩散心理，出现机会主义违法。再如运动式执法、运动式治理。这种治理方式下，法律被认为是从属于某一具体社会政策的工具，法治的基本标准和要求为实现特定的目标被放弃，导致社会失序，法治权威受损。这些方式植根于旧的关系思维、特权思维、人治思维中，与法治思维相悖，无疑都会损害到法律的确定性和权威性、公信力。

（原载于2014年3月31日《学习时报》。作者：张立伟）

坚守法治思维和法治方式

对于每一个领导干部来说，再沿袭既往解决问题的各种"非法治思维"和"非法治方式"的老路根本行不通，必须要运用"法治思维"和"法治方式"才能有效地"深化改革、推动发展、化解矛盾、维护稳定"。

党的十八届四中全会决议明确提出，全面推进依法治国，总目标是建设中国特色社会主义法治体系，建设社会主义法治国家。这就是，在中国共产党领导下，坚持中国特色社会主义制度，贯彻中国特色社会主义法治理论，形成完备的法律规范体系、高效的法治实施体系、严密的法治监督体系、有力的法治保障体系，形成完善的党内法规体系，坚持依法治国、依法执政、依法行政共同推进，坚持法治国家、法治政府、法治社会一体建设，实现科学立法、严格执法、公正司法、全民守法，促进国家治理体系和治理能力现代化。实现这个总目标，需要多方面的努力，这里重点谈谈坚守法治思维和法治方式问题。

党的十八大报告提出，要"提高领导干部运用法治思维和法治方式深化改革、推动发展、化解矛盾、维护稳定能力"。这是历次党代会报告中首次要求干部要用"法治思维"和"法治方式"来执政，党的十八届四中全会决议又对这些思想进行了系统化的阐释，这是我国依法治国方略理念的具体体现，这就要求广大党员干部要善于运用法治思维和法治方式推动改革发展，破解社会管理难题，提高社会管理创新水平，而前提就是我们党员干部要做好学法、懂法、守法、用法的表率。

法治，追根溯源是追求公平、公正、公开。法治思维就是将法治的诸种要求运用于认识、分析、处理问题的思维方式，是一种以法律规范为基准的逻辑化的理性思考方式。法治方式与法治思维是内在和外在的关系，法治方式就是法治思维实际作用于人的行为的外在表现。法治思维影响和决定着法治方式。法治思维是建立在法治理念的基础上的，要求领导干部或者是公务人员在处理问题的时候有一种法律规则的意识，坚持法律至上，坚持法律规则的运用，坚持公平、公正、公开等法治精神和原则。"法治思维"还表现为一种行为选择，面临多种问题的解决方式、手段时，领导干部能够首先研判处理方式是否符合法律规定、法治精神等。

在实践中，一些地区或部门的干部虽然认识到法治思维对依法治国的深远意义，但在处理实际问题时，并没有自觉选择法治思维和法治方式。一个平时没有法治理念的公职人员、领导干部，遇到问题不可能突然形成法治思维，也不可能突然形成法治方式。甚至存在一些认识上的误区：一是人治思维"根深蒂固"，认为法治思维不适应中国国情。有的人认为，法治虽是个好东西，但终究是"舶来品"，中国有着几千年的封建"人治"传统，积累了丰富的管理理念和管理方法，至今仍有巨大惯性。二是认为法治思维在于分权，不利于管理。有的人认为，法治思维是西方"三权分立"的东西，与中国的现行政治体制不符，不利于化解社会矛盾。三是认为法治思维呆板滞缓。有的人认为，政策文件"文山会海"虽令人难以招架，但因政策制定目的明确、针对性强、责任落实，故为最佳选择。法治思维要求严格按照繁琐的法定程序、权限议事办事，缺乏灵活和变通，工作实效会大打折扣。四是迷信社会维稳"土方偏方"，认为法治思维解困乏力。有的人认为，在维护稳定的刚性高压下，由于社会普遍不信法，法治思维和方法无用武之地，只能依靠各种游离于法律边缘的有效方法和措施。无论是经济的、政治的、思想的、道德的，甚至明知可能涉及违法的措施，只要"管用"，就可一试。只要能"摆平"，就是好东西。

实现依法治国、依法执政、依法行政，对于每一个领导干部来说，再沿袭既往解决问题的各种"非法治思维"和"非法治方式"的老路根本行不通，必须要运用"法治思维"和"法治方式"才能有效地"深化改革、推动发展、化解矛盾、维护稳定"。而领导干部运用"法治思维"和"法治方式"来解决上述重大问题时，也不可能一蹴而就，而必须遵守两个方面质的规定性：一是要通过不断学习，逐渐养成"法治思维"。二是要在形成"法治思维"的过程中，提高自身在"深化改革、推动发展、化解矛盾、维护稳定"方面的能力。

如何在"法治思维"的支配和影响下，运用具体的"法治方式"来"深化改革、推动发展、化解矛盾、维护稳定"？这是一个很复杂的问题，正确的态度就是要坚持"理论自信""道路自信"和"制度自信"，要深刻领会党的十八届四中全会决议精神，深刻领会习近平总书记在纪念现行宪法颁布施行30周年大会上的讲话中关于"依法治国首先是依宪治国，依法执政关键是依宪执政"的重要论断，通过贯彻落实宪法实施工作，保障宪法的"生命"，维护宪法的"权威"，坚定不移地走中国特色社会主义民主政治的发展道路。通过崇尚法治价值在解决重大社会问题中的作用，进一步弘扬法治文化传统，提升法治价值的影响力，逐渐削减各种"非法治价值"在治国理政中的作用，通过"依法办事""唯法是从""党在宪法和法律的范围内活动""任何组织和个人都不得享有超越宪法和法律的特权"等等具体的政策和规范指引，全面贯彻落实依法治国基本方略的各项要求。

（原载于2014年10月25日中国网。作者：张占斌）

以 权力清单落实
法治政府建设

以权力清单形式对各项权力的边界进行明确规定，不仅对权力越界行为有了抵制、制约、监督、查办、惩处的明确标准，能有效减少各种权力越界行为，维护法律法规的权威性，而且给包括市场行为在内的各种社会行为在边界之内和底线之上留下了必要的活动空间，有利于公民遵纪守法和市场主体依法经营。

法治政府的要义在于规范与约束政府权力，将政府权力关进"法治"的笼子里，即"依法全面履行政府职能。完善行政组织和行政程序法律制度，推进机构、职能、权限、程序、责任法定化"。其目的是通过法律制度为政府权力的运行划定红线,杜绝权力寻租,实现廉洁高效政府。为此,在《中共中央关于全面推进依法治国若干重大问题的决定》(以下简称《决定》)中,把"推行政府权力清单制度,坚决消除权力设租寻租空间"列为法治政府建设的首要任务。

24字明确法治政府内涵

积极有效地承载法律旺盛生命力的政府必定是一个法治政府。《决定》给这样的法治政府予以24个字的具体描述,即"职能科学、权责法定、执法严明、公开公正、廉洁高效、守法诚信"。这24字的定语不仅明确了法治政府的职责内涵,也揭示了法治政府的内在品质,成为中国特色社会主义"法治政府"的建设目标。

法治政府应是政府将决策到执行及监督的整个过程都纳入法制化轨道,权利与责任紧密相连,集廉洁政府、有限政府、诚信政府、责任政府于一身,并用法律加以固定的政府。其关键是要推进政府法制建设,建立健全政府行政的法律依据和督促政府依法行政的法律制度。

党的领导与法治统一

执政党、政府及法制三大板块的"互助机制"问题,是建设法治中国最核心的重点。

坚持党的领导,是全面推进依法治国、建设法治政府的首要原则。《决定》指出:"党的领导与社会主义法治是一致的。社会主义法治必须坚持党的领导，党的领导必须依靠社会主义法治。"党对法治政府建设的领导地位是毫无疑义的。但是，党不断巩固和完善政治领导地位与功能，还应该实现向"服务型"执政党的功能转型，这是在新的历史条件下对党的领导地位的时代性定位。具体而言有以下方面。

党的领导并不意味着党可以凌驾于法律之上。相反，作为社会主义法治建设的领导者、组织者、实践者，党必须在宪法和法律范围内活动，严格按照宪法和法律治国理政，党员必须遵守国家的法律法规。各级政府必须转变领导方式，提高科学行政、民主行政、依法行政水平，实现政府对社会各项事务治理的制度化、规范化、程序化。这深刻体现了党领导法治建设又适应法治规范要求的辩证统一关系。为此，所有党员，尤其是各级领导干部要对法律怀有敬畏之心，牢记法律红线不可逾越、法律底线不可触碰，带头遵守法律、依法办事，不得违法行使权力，更不能以言代法、以权压法、徇私枉法。

党的领导并不意味着在党与政府的关系上"以党代政"，即党不能对政府的工作越俎代庖。相反，党对政府的领导主要体现在党通过纲领、路线、方针、政策来总揽政府工作。保证党的主张通过法定程序转变为国家意志，并通过各级政府机关实实在在的工作实现党对国家和社会的领导。也就是说，党的依法执政是通过政府的依法行政来实现的。

党的领导并不意味着在党的政策与法律的关系上"以政代法"，即用党的政策代替国家法律。党的政策和国家法律都是人民根本意志的反映，在本质上是一致的。因此，要发挥政策和法律的各自优势，促进党的政策和国家法律互联互动，把党的政策制定同党坚持在宪法法律范围内活动统一起来。

党的领导是全面推进依法治国、加快建设社会主义法治国家最根本的保证。法律制度属于国家制度，是国家制定或认可并得到国家强制力保障的、反映全体人民共同意志的制度；中国共产党的党内法规则是由党制定的，反映的是党的意志，受到党的章程和纪律的保证。从这个意义上说，党内法规是党实现依法执政的保证。因此，要运用党内法规保障并促进党员、干部带头遵守国家法律法规。

权力清单厘清法定权力

法治政府是全体人民的共同愿望，依法行政也一直是党的努力方向，但是实践中由于政府权力的边界模糊，权力行使具有随意性，各种潜规则、以言代法、以权压法、徇私枉法现象屡禁不止。其中一些极端案例不仅严重破坏社会公平正义，削弱了政府的行政基础，甚至引发过不同规模的群体性事件，直接威胁社会安全稳定。以权力清单形式对各项权力的边界进行明确规定，不仅对权力越界行为有了抵制、制约、监督、查办、惩处的明确标准，能有效减少各种权力越界行为，维护法律法规的权威性，而且给包括市场行为在内的各种社会行为在边界之内和底线之上留下了必要的活动空间，有利于公民遵纪守法和市场主体依法经营。

作为一种法治性授权机制，权力清单要求对政府事务的办理流程、相关的法律依据、需要提交的证据材料、岗位的权责范围以及奖惩措施做出非常具体的规定，这无疑是我国政府内部管理的一场革命，将使公职人员的工作作风和政府的工作效率产生质的飞跃。权力清单制度建设的主要目的是，按照建立"有限、有为、有效"的法治政府要求，梳理部门职责，分析履职情况，研究提出职权清理意见，编制部门权力清单和权力运行流程图，建立健全事中、事后监管制度，并依法向社会公布权力清单和权力运行流程。因此，从政府权力清单制度的构建来看，其逻辑思路是全面梳理职权、大力简政放权、公开权力清单，实现政府自上而下的"清权、减权、制权"。

1."清权"：全面梳理职权。在对应法律依据的基础上，政府部门根据法律、法规、规章和"三定"（定机构、定职能和定编制）规定，对本部门主要职责及内设机构职责进行全面梳理，将每一项职责进一步细化为具体的职权事项，按照行政权力类别划分标准，逐条逐项分类登记部门职权。尤其是重点梳理直接面向公民、法人和其他组织的职权事项，确保部门职权事项的真实性、准确性和完整性。

2."减权"：大力简政放权。根据行政权力的梳理情况，对每一项权力的法律依据、行使程序、运行绩效及权责

卷二
法律思维与为官素养

一致情况进行科学评估，按照职权法定、简政放权、转变政府职能的要求，研究提出职权清理的具体意见。包括哪些可以取消、哪些可以下放给下级政府、哪些可以交给事业单位、哪些可以转移给社会组织等，以及取消转移下放的具体措施，确保"该放的权，坚决放开放到位"。同时，按照"该管的事必须管住管好"的要求，进一步明确本部门应该管、必须管的工作职责，对其中相同或相近的职权进行整合归并，合理调整履职方式，优化管理服务手段。

3. "制权"：公开权力清单。权力清单制度建设要做好两项工作：一是公开权力及其运行流程。对保留的权力事项，按照规定的格式和体例形成权力清单，编制权力运行流程图，建立健全事中、事后监管制度，经同级政府确认后，向社会公布部门行使的行政权力的名称编号、实施依据、实施机构等信息，并依法公开权力运行流程。二是强化权力运行监督。建立权力清单和运行流程动态调整机制，定期修改完善，并按程序确认公布。

（原载于2015年2月6日《中国社会科学报》。作者：李和中）

法定职责必须为

　　行政机关在接受授权的同时，也接受了义务和责任。这种法定职责，行政机关必须采取积极的措施和行动依法履行，不得放弃、不得推诿、不得转嫁他人、不得不履行。否则，要依法承担相应的法律责任。

　　党的十八届四中全会《决定》指出："行政机关要坚持法定职责必须为、法无授权不可为，勇于负责、敢于担当，坚决纠正不作为、乱作为，坚决克服懒政、怠政，坚决惩处失职、渎职。"这是基于行政机关权责统一的属性以及当前实践中"为官不为"等突出问题而做出的有针对性的要求。

法治政府是职权法定的政府。行政机关权力的取得和存在必须有法律依据，必须在法律规定的实体及程序范围内行使职权，不能滥用或超越职权。法治政府也是责任政府，是权责统一的政府。权责统一是行政权力与生俱来的本质属性，法律赋予行政机关职权的同时，实际上是赋予行政机关义务和责任，行政机关在接受授权的同时，也接受了义务和责任。行政职权与行政职责不可分离，从一个角度看是行政职权，从另一个角度看就是行政职责。法律赋予行政机关何种职权，通过"权力清单"予以明确，与此同时，与权力清单配套的"责任清单"将行政机关的职责予以强化。这种法定职责，行政机关必须采取积极的措施和行动依法履行，不得放弃、不得推诿、不得转嫁他人、不得不履行。否则，要依法承担相应的法律责任。法治政府权责统一的核心是通过强化责任追究，监督制约行政权力，保障行政权力在法治轨道上运行。

随着依法治国方略的全面推进，政府权责统一、法定职责必须为逐渐成为越来越多行政机关工作人员的共识。但是也应看到，随着反腐败工作的深入开展以及政府简政放权的推进，实践中出现了一些与法定职责必须为相违背的情况，"为官不为"就是典型的表现。"为官不为"行为的本质就是不履行必须履行的法定职责，是有法不依的又一种表现。这不仅影响政府职能的履行，也是对国家利益、社会公共利益和管理相对人利益的不负责任，对政府公信力乃至对全社会信法尊法守法都将产生负面影响。

要让行政机关"法定职责必须为"落到实处，需要进一步加强法治宣传教育，强化行政机关工作人员权责一致的法治意识，还需要进一步完善权力制约监督体系和严格的问责机制。对此，党的十八届四中全会《决定》做出了相应的制度安排。

一是强化对行政权力的制约和监督。加强党内监督、人大监督、民主监督、行政监督、司法监督、审计监督、社会监督、舆论监督制度建设，努力形成科学有效的权力运行制约和监督体系，增强监督合力和实效。

二是加强对政府内部权力的制约。这是强化对行政权力制约的重点。完善政府内部层级监督和专门监督，改进上级机关对下级机关的监督，建立常态化监督制度。完善纠错问责机制，健全责令公开道歉、停职检查、引咎辞职、责令辞职、罢免等问责方式和程序。

三是全面推进政务公开。坚持以公开为常态、不公开为例外原则，推进决策公开、执行公开、管理公开、服务公开、结果公开。各级政府及其工作部门依据权力清单，向社会全面公开政府职能、法律依据、实施主体、职责权限、管理流程、监督方式等事项。通过公开，更好接受社会监督。

四是检察机关在履行职责中发现行政机关违法行使职权

或者不行使职权的行为，应该督促其纠正。做出这项规定的目的就是要使检察机关对在执法办案中发现的行政机关及其工作人员的违法行为及时提出建议并督促其纠正。

五是探索建立检察机关提起公益诉讼制度。在生态环境和资源保护、国有资产保护、国有土地使用权转让等领域，一些行政机关不作为或者违法行使职权，可能造成对国家利益和社会公共利益的侵害或者有侵害危险。对此类行为，由于与公民、法人和其他社会组织没有直接利害关系，这些主体难以提起公益诉讼，导致违法行政行为不能得到有效司法监督。由检察机关提起公益诉讼，将有利于促进依法行政、严格执法，加强对国家利益和社会公共利益的保护。

四中全会关于行政机关"法定职责必须为"的相关制度设计，对于推进行政机关全面履行职能，加快建设法治政府，具有重要的意义。现在的关键是通过这些制度的有效实施，让"为官不为者"为他们的行为付出法律代价，从根本上扭转"为官不为"的行政乱象，进而促使国家行政机关及其工作人员履职尽责，保证依法行政。

（原载于2014年12月29日《学习时报》。作者：张忠军）

摒弃为官不为的消极状态

一些党员干部认为，只要不出腐败问题，所有的问题就都不是问题；与其主动作为担风险，莫如平平安安混日子。这种把作为跟风险捆绑在一起的思维，实际上是将做清官与当庸官混为一谈。

教育实践活动"猛击一掌"，起到了正风肃纪、振奋精神的效果。"党的干部都是人民公仆，自当在其位谋其政，既廉又勤，既干净又干事"，活动结束后，应该把习近平总书记在活动总结大会上的要求，长期坚持下来、贯彻下去。

"为官不为"是个老问题。面对驰而不息

的作风建设、清风劲吹的政治生态，少数人又给"为官不为"找到了新借口。或是抱怨"官不聊生"，没有了干劲；或是嘀咕"束手束脚"，丢了精气神；或是吐槽"多干多错"，玩起大撒把。"嘻嘻哈哈打圆场，嗯嗯啊啊充呆汉""遇见难题绕着走，碰到矛盾就溜边"，老百姓用顺口溜生动刻画出这些庸官们的消极状态。

公允地讲，当干部确实不容易。中国历来有"当官要为民做主"的传统，上上下下、里里外外、家家户户，凡事都习惯找"包大人"。工作压力大、工资收入低、各种规矩多，都是困扰各级干部的现实问题。这些问题，中央都看到了，也正在想办法循序渐进地解决，像最近县以下机关实施"在职务之外开辟职级晋升通道"的改革，就是保证干部干事创业心无旁骛、后顾无忧的重要举措。

反"四风"对干部是不是苛求？习近平总书记说得明白，"三严三实"是党员、干部的修身之本、为政之道、成事之要。"很多要求早就有了，是最基本的要求。现在的主要倾向不是严了，而是失之于宽、失之于软，不存在严过头的问题"。一些党员干部认为，只要不出腐败问题，所有的问题就都不是问题；与其主动作为担风险，莫如平平安安混日子。这种把作为跟风险捆绑在一起的思维，实际上是将做清官与当庸官混为一谈。

干部就是要干事，如果只是做太平官、潇洒官，实在对不起这个"干"字。邓小平曾批评一些干部"把文件传过来传过去，尽画圈""有的事画圈画了半年还解决不了，究竟是赞成还是反对，也不知道"。作风建设久久为功，"干"是基本要求。如果"不贪不占也不干"，谈何务实，又遑论为民？今年，湖南省政协原副主席童名谦成为十八大后首个因玩忽职守而获刑的省部级官员，也正是一个警示。

要做到为官有为，离不开良好心态，其中重要一点，是要正确看待个人待遇、合理预期个人所得。平心而论，公职人员的待遇，可说是比上不足、比下有余，而且稳定性高、保障较好。更何况，对于党员干部，利益不是唯一坐标，金钱更非最高标尺。有基层干部就感慨，虽然工作繁忙、工资不高，但每次为群众解决了问题，"成就感和满足感是多少钱也买不来的"。

宋神宗时的宰相王圭，"以其上殿进呈，曰取圣旨；上可否讫，云领圣旨；退谕禀事者，曰已得圣旨也"，被时人称为"三旨相公"讽其失职。封建官吏尚难免因庸被讥，处身全面深化改革的历史区间，今天的干部更要时时自警。"我们做人一世，为官一任，要有肝胆，要有担当精神，应该对'为官不为'感到羞耻"，习近平总书记的这句提醒，应当成为每一个党员干部激励自我的座右铭。

（原文系2014年12月7日《人民日报》评论员文章）

"德主刑辅"与依法治国

> 在治国理政中，法为护德服务，德为法治筑基，德魂法形，二者互为表里，相得益彰，缺一不可。

我国的法治建设面临如何正确认识、处理法治与德治的关系，如何正确发挥法律和道德在国家和社会治理中的作用的问题。最近，习近平在主持政治局第18次集体学习时指出，要从历史的经验、教训、警示中，为推进国家治理体系和治理能力现代化吸取有益借鉴，其中特别提到了"德主刑辅"等中国古代治国理政过程中处理法律和道德关系的基本经验。

为什么"德主刑辅"

"德主刑辅",是中国几千年来治国理政基本经验的总结。"刑",在中国古代是"法"的代名词。"德",则有两层基本的意思:一是"为政以德"的"德",指与"法"相对应的国家与社会治理措施,即执政者治国的措施应该得到民众的认同,符合民众的利益;二是"大学之道,在明明德"的"德",指一种社会规范,即以社会民众普遍认同的是非观、价值观为基本内容的道德。

因此,"德主刑辅"在依法治国这个治国理政的基本方式中也同样有了两层意思:第一,执政者应该以采取符合民众利益的政策措施来争取民众拥护支持,此为主,以迫不得已采取的法律等强制性措施来强迫服从、实现控制,此为辅;第二,在如何处理道德与法律的关系问题上,执政者应该认识到,道德是一种在治国理政中比法律更为基础、更为有效、更能反映人民意志、更能反映客观规律的社会规范,法律必须以维护社会基本道德为根本目的,必须以社会基本道德要求的具体化、规则化、制度化为基本内容,必须以社会基本道德的弘扬为实施的基本保障,在法律的制定、执行、适用过程中,都不应允许与社会基本道德明显相冲突的情况。

为什么要坚持"德主刑辅"?首先,法律必须是人民意志的体现,必须以维护人民利益为根本目的。有很多人不理解什么是人民，什么是人民意志的体现，其实只要观察一下普通民众的日常生活就清楚了。任何人恐怕都不能否认：除极个别例外，任何人在日常生活中都不得不以社会的基本道德要求作为判断是非的基本标准，规范自己的日常行为，无论权势显贵，还是市井平民，概莫能外。社会基本道德难道不是人民意志最基本的反映和人民利益最起码的要求吗？所以，"德主刑辅"理念的最基本要求就是不允许制定明显违背社会基本道德要求的法律，不允许在法律的执行、适用过程中出现明显违反社会基本道德的情况。

另外，一个社会的基本道德是该社会的民众长期社会生活经验的总结，也是一个社会的全体成员关于人与人之间应当如何相处的基本规律的反映。明显违背社会基本道德要求的法律规定，一定是违反社会基本规律的，一定是反科学的。而从保障市场经济健康发展的要求看，只有利他（以比他人更好的质量、更低价格为社会提供产品、服务）才能真正（可持续地）利己，是市场经济的基本规律。这一要求在人脑中的反映形式只能是作为抽象标准的道德，而不可能是以具体行为规范为内容的法律。就这个意义而言，市场经济应该是道德经济。

最后，坚持"德主刑辅"建设法治国家，是法治正常运行的基本保证。"徒法无以自行"，任何法律都是人制定的，都必须依赖人来实施。社会基本道德对依法治国的保证作用，体现在法律的制定、执行、适用、遵守的所有环节上。我们很难想象一个没有基本道德的人可能制定出反映普通民众意志、维护普通民众利益的法律；很难想象没有社会基本道德的人在执法、司法活动中不会想方设法地规避法律，甚至公然违反法律；很难想象那些以社会基本道德要求规范自己日常生活的普通公民，会先了解具体的法律然后再以法律规范自己的行为。因此，不以维护道德为根本目的的法治，在现实中就不可能不是一个无法实现的梦。

司法民主方是长久之计

有人可能会提出这样的问题："德主刑辅"的基本理念与"依法治国作为治国理政的基本方式"之间难道就没有矛盾吗？

答案当然是否定的。因为"德主刑辅"与"把依法治国作为治国理政的基本方式"这两个基本命题，一个是治国理政时处理道德与法律关系的指导性理念，一个是治国理政过程中处理政府、公民行为与法律规定之间的关系的具体方式；一个解决的是法治应该维护什么样的社会核心价值的问题，一个解决的是应该如何运用法治来保证社会核心价值实现的问题。治国理政的最基本任务是防止和解决社会冲突，在道德与法治两种基本社会规范中，道德是公民自觉用于约束自己从而防止社会冲突的手段，法治是在公民不愿意用社会基本道德要求约束自己的行为而损害了他人利益的情况下解决社会冲突的手段。在治国理政中，法为护德服务，德为法治筑基，德魂法形，二者互为表里，相得益彰，缺一不可。

看到前面关于市场经济在根本上是道德经济的说法，可能也有人会问：为什么会有那么多人说，市场经济是法治经济呢？我的回答是，市场经济比任何经济类型都更能激发个人利己的动机，更容易激发个人与他人利益的冲突，因而也更需要将反映市场经济基本规律的道德要求法治化，即更需要将反映市场经济基本规律的道德要求具体化、规则化、制度化，更需要以国家强制力保证实施的法律规格作为解决社会冲突的基本手段。

还有人可能会提出这样的问题：自2200多年前荀子提出隆礼重法以来，汉武帝以后各代统治者多奉"德主刑辅"为治国的圭臬，但这并没有避免中国历史上周而复始的治乱循环，如果"德主刑辅"为依法治国之魂，何来国家的长治久安？我认为这个问题可以这样理解：一方面，中国历史有为的执政者总是要请出"德主刑辅"这张令牌，并得到一段时间的社会相对安定；另一方面，请出"德主刑辅"这张令牌的朝代也不能保证长治久安的根本原因在于，政治的"君主"，即法律的理解和适用控制在类似今天法律人的少数士大夫手里（文官政治），由于这些士大夫或法律人有"天生的贵族倾向"（托克维尔语），他们会随着权势者日益脱离民众而将法律变成压制民众的工具，使国家政体日益走向民众的对立面，自然最终难逃被民众推翻的命运。

要跳出"其兴也勃焉，其亡也忽焉"的周期率，防止法律被少数掌握法律理解适用之权的"法律人"将法律变成维护权势者利益的工具的唯一方法，就是民主，特别是那种让有序参与的普通民众在职业法律人的主持下理性判案的司法民主。长远地看，司法民主保证法律为人民所理解、认同，是防止法律成为少数人的私产和压制人民的工具的唯一途径。

（原载于2014年第二十五期《南风窗》。作者：陈忠林）

卷二 法律思维与为官素养

德主刑辅是古今中外执政经验的总结

> 德主刑辅中的"德"，主要含义是德政、德治，而非仅指道德。德政、德治的主要内容包括：经济上要让人们过上富裕的生活，"仓廪实知礼节，衣食足知荣辱"，不然的话就会饥寒生盗心；政治上要选贤与能，学而优则仕，统治者以身作则，使民以时，取财有度，重视教化，少用或不用刑罚；文化上要有教无类，鼓励人们信奉"一等人忠臣孝子，两件事读书耕田"，不要饱暖思淫欲。

中共中央总书记习近平在就我国历史上的国家治理进行第十八次集体学习时指出："坚持依法治国和以德治国相结合，把法治建设和道德建设紧密结合起来，把他律和自律紧密结合起来，做到法治和德治相辅相成、相互促进。"

古今中外的国家执政现象既有个性，也有共性。换句话说，执政是有规律可循的。比如，关于有史以来的执政手段，列宁归纳说，所有的一切压迫阶级，为了维持自己的统治，都需要两种社会职能，一种是刽子手的职能，一种是牧师的职能。西方社会另有"胡萝卜加大棒"的提法，是一种以"奖励"（胡萝卜）与"惩罚"（"大棒政策"）同时进行的一种管理策略，一个流行的说法是，此语的原型出自美国总统老罗斯福在1901年参观明尼苏达州州博览会时的演说："Speak softly and carry a big stick, and you will go far."（"温言在口，大棒在手，故而致远。"）还有人说"大棒胡萝卜"来源于一则古老的故事，内容是：要使驴子前进，就在它前面放一个胡萝卜或者用一根棒子在后面赶它。"胡萝卜加大棒"一词最早在1948年12月11日《经济学人》发表，后收录于《牛津英语词典》增订版，附图有一头驴和胡萝卜。从目前史料来看，这种怀柔与惩罚并用的统治思想，最早产生于中国，表现形式是德主刑辅。它肇始于西周时期周公提出的"明德慎罚"，中经春秋战国儒家传扬的"为政以德"，形成于董仲舒的"德主刑辅"。此后成为封建社会基本的治国策略之一。

"德主刑辅"思想源于古人对夏、商、周、秦执政经验教训的反思。周公发现，不管是夏朝的末代君主桀，还是商代的末代君主纣，他们无不标榜自己受上天保佑而拥有天下，但到后来为所欲为，惹得民怨沸腾，还不悬崖勒马，反而滥施刑罚，残酷镇压反抗者，最终玩火自焚。这两朝的灭亡，表明上天并非两眼一抹黑地对任何君主都保佑，而是有选择性地只保佑那些有德的君主，君主必须以德配天，而不是一味地滥施刑罚。德是什么？德是一套以保民为核心的政令制度，简称德政。

春秋战国以孔子、孟子为代表的儒家继承了周公的德政思想。孔子说要"为政以德"，它包括对老百姓"富之、庶之（即：人丁兴旺）、教之"和统治者要以身作则两大内容。德政反对纯任刑罚，孔子说："道之以政，齐之以刑，民免而无耻。道之以德，齐之以礼，有耻且格。"意思是，单纯采用政令刑罚，老百姓可以不敢犯罪，但没有羞耻之心；如果采用德政和礼乐制度，老百姓不但免于犯罪，还能有羞耻之心。孟子更提出人性本善是施行德政、少用或不用刑罚的心理基础，每个人生来就有恻隐之心、羞耻之心、谦让之心、是非之心，由此而有仁、义、礼、智四德。德政就是通过让老百姓有恒产然后有恒心，通过教化让老百姓放大内心"四德"，由己及人。由于春秋战国是个用武器的批判才能解决天下统一问题的战争年代，儒家德政难免被人讥之为迂腐、不切实用。而法家崇尚武力和重刑主义的思想，在战争年代自然大显身手。

但秦朝奉行法家重刑主义思想而得天下之后，没有采用对执政最为有用的儒家德政理论，经历二世、十五年，短暂而亡。汉代总结亡秦教训，意识到纯任法家和纯任儒家理论都不行，要将二者结合起来，而且要以德政思想为主，以法家刑罚思想为辅。

董仲舒是汉代反思周秦历史经验教训的集大成者，他以阴阳学说作比附，以"天人感应"为先导，提出了系统完整的"阳德阴刑"的德主刑辅论，认为治国应以德政为主，刑杀为辅。为何"德主"？一是因为自然界以阳为主，以阴辅阳，君主也应体察天意，以德为主，以刑辅德。二是人性有三品。性善者为上品；性恶者为下品；性兼善恶者，为中品。三品中，生而性善者占极少数，负有教化百姓使命；生而性恶者也为少数，教化不足劝其善，唯有以刑威慑之；性兼有善恶的中品之人占大多数，这类人既可为善，亦可为恶，必须对之施以教化才能使之为善。作为君主，就应针对不同品性的人采用不同的治理手段。对中品之人施以德政教化，对下品之人处以刑罚惩罚，即所谓"大德而小刑"。以德为木，以刑为末，先德后刑，大德小刑构成德主刑辅的内容。

应该强调的是，德主刑辅中的"德"，主要含义是德政、德治，而非仅指道德。德政、德治的主要内容包括：经济上要让人们过上富裕的生活，"仓廪实知礼节，衣食足知荣辱"，不然的话就会饥寒生盗心；政治上要选贤与能，学而优则仕，统治者以身作则，使民以时，取财有度，重视教化，少用或不用刑罚；文化上要有教无类，鼓励人们信奉"一等人忠臣孝子，两件事读书耕田"，不要饱暖思淫欲。施行德政、德治，可以使绝大多数人远离犯罪，努力成圣成贤。但总会有极少数小人即使生活在德政环境里，也会作奸犯科，教而不化，对此只好大刑伺候。

德主刑辅体现了中华民族重视对社会秩序要综合治理、要治本和治标相结合的辩证思维。中国是世界五大文明古国中的仅存者，深厚的历史积淀无疑使中国的执政经验比其他任何国家都要丰富，这是中国对人类的一大贡献。

（原载于2014年10月22日《法制日报》。作者：郝铁川）

建设法治社会需要道德支撑

> 通过对行政执法行为的道德考量和道德评估，及时审视其行为的道德质量，指出行政执法行为的应该与不应该，褒奖行政执法的道德行为，反对行政执法的缺德做法。

党的十八届四中全会通过《中共中央关于全面推进依法治国若干重大问题的决定》指出，"坚持依法治国和以德治国相结合。国家和社会治理需要法律和道德共同发挥作用"，同时指出"以道德滋养法治精神、强化道德对法治文化的支撑作用，实现法律和道德相辅相成、法治和德治相得益彰"。

道德是形成良法体系的重要依据

实现法治的一个重要前提是要创制科学理性的部门法律条文和完善的法律体系，而部门法律条文和法律体系的完善始终离不开对时代道德的认知水平。这是因为，法律是由国家创制并以强力保证实施的行为规范，它不可能凭空产生，更不可能随心所欲提出。作为良法之准则的科学、理性程度取决于对体现人民意志的"道德应然"的正确认识和把握，唯有对社会生活和社会治理中的"道德应然"及其行为要求，即道德规律有科学的认知和揭示，才有可能厘清符合社会生活和社会治理要求的行为规范，也才有可能形成科学、理性意义上的法律。那么，"道德应然"是什么？马克思曾经说过，人类的解放即是要把人的世界和人的关系回归于人自身。由是观之，在我国现阶段，"道德应然"即真正的与时代同步的道德是让人有独创的精神和自由的发展，让人实现诸如有尊严地生活和工作的人格平等的主人翁地位，让人的权利得到全方位尊重，让人与人之间形成公正、平等、和谐的社会关系，等等。当然，现阶段的"道德应然"及其所体现的道德要求，在不同的生活和生产领域、不同的生活和生产层面有其不同的表征和规范表达。离开了对时代特征和要求的正确认识与把握，离开了对社会主义道德的正确认识和把握，社会主义的科学理性的部门法律条文和完善的法律体系是不可能形成的。可以说，法律是永远需要随着不断发展和完善的社会而不断修正和完善的，而道德始终是良法不断完善的重要依据。唯有真正了解和懂得人民的诉求和道德发展规律，才能高效推进科学立法、民主立法。

道德境界是司法者的精神支柱

司法者是建设法治社会的重要力量，而司法者的道德境界是司法者公正司法的灵魂。司法者的道德境界是司法者对司法道德的觉悟程度和司法行为的道德水平，它是司法者的精神支柱，换句话说，我国司法水平的提升和司法效果的提高，要靠司法者，更要靠司法者道德境界的不断提升。

一是司法者唯有真正认识到法治"事关我们党执政兴国，事关人民幸福安康，事关党和国家长治久安"，才能树立法律和法治至上观念，也才可能真正做到有法必依、违法必究，承担应有的严格履行法律的责任，做一个"忠于党、忠于国家、忠于人民、忠于法律"的司法工作者。二是司法者唯有懂得和坚持国家利益至上、人民利益至上，才能确保依法独立公正行使审判权和检察权，也才能抵制执法腐败，提高司法公信力。三是司法者唯有相信和依靠人民群众，并时刻关注保障人民群众参与相关司法活动的权利，才能真正"构建开放、动态、透明、便民的阳光司法机制"，也才能坚决抵制潜规则，反对各种特权，并由此赢得人民群众的信任和支持。

古今中外的实践都能说明，司法缺德腐败将彻底摧毁法治基础，甚或动摇国家基石，有亡党亡国的危险。

道德监督是行政执法的保证

行政执法是建设法治社会的重要保证，而道德监督又是行政执法的重要保证。行政执法的道德监督即是指通过对行政执法行为的道德考量和道德评估，及时审视其行为的道德质量，指出行政执法行为的应该与不应该，褒奖行政执法的道德行为，反对行政执法的缺德做法。坚持行政执法的道德监督，一是要审视行政过程是否勇于负责，敢于担当，为党和国家建设事业而努力勤政和善政，是否坚决克服懒政、怠政现象；二是要审视行政权力是否被关进笼子，是否真正实现人民当家做主，是否存在权力设租寻租空间，是否在政务公开的同时有效扼制设租寻租现象；三是要审视行政行动是否坚持以人民利益为重，严格规范公正文明执法，坚决依法惩处各类违法行为。

这里要指出的是，道德监督的主体既是广大人民群众，也应该包括政府及其行政机关成员自身，也即行政执法者的自我道德监督，唯此，行政执法的道德监督才是完整和完善的，行政执法也才能形成"善治"的品质。

道德建设是法治社会建设的基础性工程

法治社会建设是一项系统工程，既有法治理念的科学认知，又有法制及其法规的完善，也有司法职权的优化配置，还有法治工作队伍建设，等等。在这项系统工程中，道德建设是其基础性工程。道德建设的目标之一是提炼和确认道德规范体系，而道德规范体系从一定角度理解，它是一定法律规范的直接来源，事实上，部分道德规范转成用国家强力保证实施，此时的道德规范就成了法律。因此，在一个发展稳定的社会，道德与法律总是相辅相成的。道德建设通过规划和设置系统的道德实践活动，以此培养人们的道德习惯、提升人们的道德觉悟，这是法治社会建设的重要路径。在我国社会主义法律体系已经形成的今天，最迫切的法治任务应该是培养人们守法的自觉性和与违法行为做斗争的勇气。而日常道德实践活动在培养和提升人们道德觉悟的同时，法规的普遍实行将是水到渠成的事。由此可见，社会主义道德建设工程是我国法治社会建设的基础工程，法治需要德治，法治与德治在法治社会建设中是相辅相成、相得益彰的。

（原载于2015年1月18日《光明日报》。作者：郭方天）

官员的道德修养

　　领导干部可以通过这种道德修养来提高自己明辨是非的能力，增强自己面对自我不道德行为时的羞耻感和自尊心，强化自己实现承诺、完成任务的责任心。

　　道德修养作为个体道德养成的内在机制有广义和狭义之分，广义性的道德修养应当将提高道德认知、培养道德情感、锻炼道德意志等内容涵括在内，本文所讲的道德修养主要是指道德主体依据自己的道德信念，按照所处历史阶段和所属阶级、阶层的道德要求，所进行的自我审定、自我汲取、自我成型的过程，属于狭义性道德修养范畴。

中外伦理学家历来把道德修养视作个体道德培育的重要环节，如中国古代道教的"修炼"理论、佛教的"修行"理论皆是人类探索出的重要道德修养方法，特别是儒家学派更是大力突出道德主体内心的理性自觉，孔子就高倡人的"内自省"和"内自讼"，孟子则力主人的"尽心""知性"。宋明时代的程朱理学和陆王心学更是对道德修养问题进行了深层次探讨，如朱熹提出了通过人的"居敬""穷理"以"复其性"的道德修养方法，而与其同时代的陆九渊则认为，朱熹"格物致知""即物穷理"的道德修养方法是一种支离破碎的修养之方，与之相反，他提出了所谓"简便易行"的道德修养方法，即天理就在人心之中，修养贵在内求本心，向内用功，而不是向外求索，人只要去"物欲"、辟"邪说"，收拾精神，安坐瞑目，用力操存，就能复本心、明天理。西方的基督教更是高度关注信徒的道德修养问题，将安静与默想、祷告与灵阅、敬拜与禁食、每日反省、过俭朴生活、从事社会公益活动等视为基督徒提高道德修养水平的重要途径与方法。

反观人类伦理思想史上各种道德修养理论，普遍涉及以下几个问题：

（1）道德修养的主体性特征。道德之于人类个体具有外在规范性和内在主体性双重功能，亦即人类创造出道德并不仅仅是为了约束自己，更是为了确证、肯定和发展自己，个人不总是被动地接受道德灌输，还能够主动地对各种道德价值体系和行为规范进行思考、判断、选择和创造。道德修养是道德主体高度自觉性的吐故纳新活动，它通过道德主体与自身道德的弱点做斗争，克服主体内部的各种道德冲突，在自我解剖、自我反省、自我改造和自我锻炼的过程中，实现道德主体人格的自我同一、自我完善和自我提高。

（2）道德修养的核心内容是道德主体同自身存在的各种非道德思想展开斗争。首先是道德理性和本能情欲的斗争。古希腊人认为，人是介于神性和兽性之间的动物，这里的所谓神性就是人的道德理性，兽性就是人的本能情欲。但人类只能做到"以理导欲"，让不合理的自然情欲控制在理性范围内，如果彻底消灭了人的自然情欲，人就变成了神，从这种意义上讲，人只是住在神的近边的动物，用道德理性驾驭自然情欲，使之升华到神的高度将是人类面临的永恒课题。其次是新道德与旧道德之间的斗争。随着人类经济、政治、文化等各种生活条件的发展变化，道德价值体系也必然会不断更新，每一代人都将面临用新型道德价值体系去改造、克服和抛弃旧有道德价值体系的斗争，它构成了个体道德修养的永恒内容。

（3）道德修养的目的是不断提升道德主体的道德境界。道德本身具有的层次系列性特点决定了个体或群体道德必然具有自身的境地和疆界，这就使得对道德境界的研究成为历史上伦理学家们关注的重要内容，我国近现代以来较具代表性的道德境界理论，一是冯有兰先生在抗战时期所著《新原人》中提出的人生四境界说，即凿井而饮、耕田而食、质朴无华的自然境界，自觉追求功业、名声、利益、官禄的功利境界，明确具备公私之分、义利之辩的道德境界，克去人类私欲、天然人为两相和好、合内外之道的天地境界。二是罗国杰先生提出的三境界说，即自私自利境界、先公后私境界、大公无私境界。无论何种道德境界理论，均把道德境界的改变和升华视为道德修养的核心和落脚点。

（4）道德修养与人生品味的关系。法国社会学家布迪厄认为，品味是区别不同阶级或阶层的能力偏好和生活方式的重要标志，他从饮食习惯、家具陈设、言谈举止、穿着打扮、个人爱好等众多层面和视角对法国社会各阶层的人生品味进行了区分，仔细刻画了作为知识分子的"左岸品味"和作为工商阶层的"右岸品味"的差别。但需要指出的是，人生品味的雅俗和道德修养水平的高低之间既有联系又有区别，其联系性表现在，一定条件下高雅的人生品味有助于较高道德修养水平的生成，例如高学历知识分子对道德修养理论的学习和理解可能更加迅速、深刻，但这并不意味着他们的道德修养水平一定很高，因为具有"布尔乔亚情调"的小资阶层，其人生品味可能很高，但在很多时候，其道德行为能力和道德修养水平未必胜过所谓"生活品味较低"的工人和农民。

就领导干部的道德修养问题而言，不能局限于道德修养

法律思维与为官素养 卷三

一般理论的探讨，必须找到提高其道德修养水平的主要路径和方法。笔者认为，要真正提高领导干部的道德修养水平，必须着眼于以下三方面的问题：

（1）学思结合。孔子讲"学而不思则罔，思而不学则殆"，意思是说，一个人只向外面学习，不反之己心，自加精思，必然无法深辨其真义所在，以至于以非为是，诬枉其所学内容。反之，仅思不学，所思之事无法得到验证，致使疑不能定，精神疲怠，将自己孤立起来，亦将危殆不安。孔子意在说明君子在道德修养过程中必须充分发挥道德主体的能动性，它启示我们，一方面领导干部非生而知之者，在提高自己道德修养水平的过程中，如果不学无术，没有建立科学的道德知识系统，必然变得愚昧无知、粗俗野蛮。另一方面，对所学知识要思而化之，结合自身的道德经验，进行理性思考，择其善者从之，择其不善者改之，真正求得理解和把握道德之必然。

（2）慎独省察。"慎独"作为儒家所倡导的道德修养方法，它强调在个人独处、无人监督的情况下仍然能够一丝不苟地做合乎道德的事情，它充分彰显了道德自觉的主体性特征。"省察"强调的是人的自省自讼、自我追悔，不间断地拔除病根，将自己身上坏的念头、毛病、习惯和各种不良倾向消除尽净。慎独省察作为一种道德修养方法，以自我性、检讨性、反思性为其主要特征，领导干部可以通过这种方法来提高自己明辨是非的能力，增强自己面对自我不道德行为时的羞耻感和自尊心，强化自己实现承诺、完成任务的责任心。

（3）社会实践。如果说学思结合、慎独省察集中反映了我国古代先贤圣哲们所提倡的道德修养方法，那么，强调社会实践的重要作用，就构成了马克思主义伦理学在道德修养问题上的突出特色，如刘少奇在《论共产党员的修养》中所言："古代许多人的所谓修养，大都是唯心的、形式的、抽象的、脱离社会实践的东西。他们片面夸大主观的作用，以为只要保持他们抽象的'善良之心'就可以改变现实，改变社会和改变自己。这当然是虚妄的。"

在当代中国社会，各级领导干部只有将自己的道德修养活动同中国特色社会主义建设和中华民族伟大复兴的宏伟大业结合起来，积极投身到这场轰轰烈烈的社会实践中去，在日常管理工作中，在各种急难险重任务面前，在重大政治风浪考验中，去增长才干，去开拓创业，去提高自己的道德修养水平，唯其如此，方能砥砺和锻造出自己高尚的道德品质。

（原载于2010年10月9日《学习时报》。作者：靳凤林）

"子帅以正，孰敢不正"

心口如一、言行一致、言出必行、诚信为本，理应是每个社会成员的为人之道，更是官员的基本素质、为政之德。做人要有人品，当官要有官德，为官先修德，要是人品劣质，怎么指望他当个好官？而尤为重要的是，官场上"双面人"的所作所为，直接影响着社会诚信体系的建设进程。

说一套做一套现象践踏公信力

"我们不能做碌碌无为的'庸官'，更不能做欺压百姓的'恶官'和以权谋私、见利忘义的'贪官'。""如何做好一名领导干部，核心是如何行使手中的权力，造福社会，服务

摸着**法律**过河
——依法为官

人民。决不能用权搞交易、谋私利，损害党和人民的利益。广大人民群众对干部的评价，心中是有一杆秤的……"

这些话，足够悦耳响亮、充满正能量吧？知道是谁说的吗？告诉你，这是"大老虎"周永康的语录。

大概没有人会为此大惊小怪，而只会是鄙夷、漠然、嗤之以鼻。如此言不由衷、口是心非的现象，这些年见得还少么？官场上的官话、套话、大话、空话，听得多了去了！或许，这些讲话都是秘书起草的，有的官员仅仅是一架"复读机"，有口无心地照读稿子；或许，这些确实是官员自己的话，但只是对下属的要求，本人从来就没准备身体力行，甚至完全背道而驰。而有目共睹的现实是，言与行背离，说一套做一套，台上反腐台下贪腐的歪风，已然盛行一时！

且看前不久落马的万庆良，这个44岁时成为广东省唯一一个"60后"副省长，2年后又当上"广州改革开放以来最年轻市长"的官员，4年前当选广州市市长时言之凿凿地表示："德为重、民为天。公生明、廉生威。市长就必须干净干事、当好表率，牢记手中的权力是人民赋予的，堂堂正正做人、干干净净干事。"2013年，他在广州市纪委三次全会上说道："请大家首先从监督我开始，领导干部从我带头，绝不插手任何土地、工程、项目、国有资产、招投标，绝不利用自己的权力为亲友、为他人谋取私利，绝不追求特权、追求享受。""作风建设的成效关键在领导干部身体力行、率先垂范；对于腐败分子应当露头就打，否则'苍蝇'可能变'老虎'。"。多么信誓旦旦，何等慷慨激昂。可以想象，当场聆听市长这样赌咒发誓，能不为之振奋么？谁会怀疑这仅仅是逢场作秀？会给他投不信任票么？但是，善良的人们难以想象的这"豪言壮语"背后的龌龊勾当却实实在在地发生了！种种腐败行为的恶果，远不止于国有资产被中饱私囊，民脂民膏被无端糟蹋，更在于党和政府的权威与公信力惨遭践踏，群体间、人际间互信互动的良性循环惨遭瓦解。

"双面人"的实质在于价值观扭曲

"双面人"的实质，在于世界观、价值观发生扭曲，导致官场生态变异，执政理念畸形，部分官员诚信滑坡，官德败坏。可以断言，口是心非、阳奉阴违的"双面人"在官场上不绝迹，社会主义核心价值观便难以确立，"取信于民"就是空头支票，而以诚信为本的举国体系、全民制度则将是虚无缥缈的海市蜃楼。

习近平同志早在地方主政时就曾指出，"为政以德"，即执政者要以德施政，善待民众，以赢得百姓的拥护；二是要以自身的道德行为去教育和感化百姓，"政者，正也。子帅以正，孰敢不正"——要想达到"正"，就要自省、自律、自责、克己，通过道德修养提高自身素质。近年来，他又大力倡导"三严三实"，即"既严以修身、严以用权、严以律己，又谋事要实、创业要实、做人要实"。心口如一、言行一致、言出必行、诚信为本，理应是每个社会成员的为人之道，更是官员的基本素质、为政之德。做人要有人品，当官要有官德，为官先修德，要是人品劣质，怎么指望他当个好官？而尤为重要的是，官场上"双面人"的所作所为，直接影响着社会诚信体系的建设进程。何况，眼下一些地方、一些部门官员的社会诚信度已足以令人担忧。近日，由新华社联合新浪、搜狐、网易开展的"中国社会诚信现状"网络调查中，超过70%受访者赞同"政府带头提高公信力，打造诚信社会"。毕竟，"信用和信任是政府和社会秩序的基石"。

构建社会诚信体系，官员的诚信乃重中之重

近一个多月以来，两部有关构建社会诚信体系的纲领性文件先后颁布，一部是国务院印发的《社会信用体系建设规划纲要（2014—2020年）》，一部是中央精神文明建设指导委员会为实施这个纲要推出的《关于推进诚信建设制度化的意见》。中央确定我国诚信建设的四大重点领域是政务诚信、商务诚信、社会诚信和司法公信，明确了与人民群众切身利益和经济社会健康发展密切相关的34个方面的具体任务。其中提出抓好公共服务人员诚信教育。党员干部要以身作则、率先垂范，用模范行为带动诚信风尚的形成。这是因为"他们的诚信言行对于增强人际互信具有重要影响"。有

鉴于此，官员的言而有信，表里如一，既涉及政务诚信，又关乎社会诚信。社会信用体系的建立健全，官员的诚信乃重中之重。"其言必信，其行必果，已诺必诚"；"夫诚者，君子之所守也，而政事之本也"。可以说，对于党员干部严格要求，是社会信用体系建设工作的画龙点睛，能让广大群众刮目相看。

（原载于2014年8月19日上海《文汇报》。作者：吕怡然）

摸着法律过河
——依法为官

与 官员们谈谈"心"

> 良心是人最初的本性，是人类价值的正能量，是超越法律的自律精神，是社会最有效率的生产力。摸着良心做事，必然能赢得民心，获得动力，从而顺利过"河"。

历史上，以好色兼残暴而著称的领导干部很多，但人们印象最深的，大概非商纣王莫属。此君荒淫无度，甚至为了自己的荒淫，不惜动用庞大的财政经费，修建史上最奢华的行乐之所——鹿台。如此这般，广大干群自然看不下去，而纣王对此则早有预料，事先为持异见者准备了酷刑。

《史记·殷本纪》说道，"百姓怨望而诸

侯有畔者，于是纣王乃重刑辟，有炮格之法"。炮格之法便是传说中的"炮烙"，操作方法是：用炭火烧热铜柱，令受刑人爬柱，受刑人忍受不了灼烫便会掉入炭火……如此，自然没人敢对纣王所作所为说三道四了。但是，也有不怕死的。此人名叫比干，他说，"为人臣者，不得不以死争"，强劝纣王收敛。纣王怒曰："吾闻圣人心有七窍。"于是命人剖开比干身体，挖出其心脏来观赏、把玩。

但凡荷尔蒙旺盛者，在生理上对男女之事会特别敏感；对纣王而言，他的过度敏感则来自心理。他深知拿公款过度纵欲且不理政事，有失公理，见不得人。但在生理上，他又欲罢不能，最终他选择了掩耳盗铃的方法来逃避——封民之口，使耳根清净。但是，比干的挺身而出，表明民意是封堵不住的。

时间过去了五百余年，来到春秋后期的齐国。

据《晏子春秋》载，这年冬天，连下了三天雨雪。齐景公身披狐白之裘，舒舒服服地端坐于朝堂侧阶。此时，晏子入见。景公对他说："怪哉！雨雪三日而不寒"。晏子反问："真的不寒吗？"晏子接着说："臣听说古代贤君，自己虽吃饱了却知有百姓在挨饿，自己温暖了却知有百姓在受冻，自己安逸了却不忘百姓的劳苦。可现在，君王却不知道这些。"景公听后很惭愧，于是命人发衣发粮给那些挨饿受冻的百姓。同时还规定，只要是在路上遇见的穷苦人，不必问他籍贯和姓名，一律无差别地发放衣物。

天寒地冻，齐景公不觉得冷，缘于他的麻木。麻木是与敏感相反的一个概念，在生理上，指身体某个部位发麻或失去知觉；在精神上，则指对外界事物反应不灵敏，易引发"麻木不仁"现象。一个"麻木"的领导人，身着狐皮大衣、居于温室，而不思考缺衣少食的民众如何过冬，自己当然感受不到寒冷。所幸，齐景公不是商纣王，他只是麻木了些，没有"敏感过度"的毛病，且知错就改。这不失为历史的一个进步。

又过了两千余年，时间来到1942年。

这一年，河南发生了严重旱灾，全省夏秋两季粮食几近绝收。大旱之后，又来蝗灾，由此引发了世所罕见的大饥荒。中原大地，草根树皮被吃光，赤地千里，饿殍在道，犬兽食之。到后来，人吃人的现象，也是屡见不鲜。根据美国《时代周刊》驻华记者白修德的采访见闻，有位母亲将其两岁孩子煮吃了，有位父亲则先后勒死了自己的两个孩子，以他们的肉来充饥……据史料记载，是次大饥荒，共饿死大约三百万人。

灾情一开始就上报到了重庆的国民政府。但是政府不但无动于衷，而且下令对灾区的税赋与粮食征收照常进行。蒋委员长甚至责骂河南省政府主席李培基虚报灾情。没有媒体公开报道这场大饥荒，触目惊心的天灾人祸就在无人关注

卷二 法律思维与为官素养

的封闭言论环境中上演着。直到半年之后的1943年2月1日，《大公报》顶住压力，发表了该报战地记者张高峰采写的新闻通讯《豫灾实录》，真相才大白于天下。次日，《大公报》又发表了总编王芸生亲笔撰写的社论《看重庆，念中原》，批评官员身在温暖的重庆官府，不理会饥寒交迫的河南灾民。坐在宽敞明亮的办公室，品尝着咖啡的蒋委员长看到了《大公报》的两篇文章，勃然大怒，悍然下令罚该报停刊三天。但是随后，国民党主办的中央通讯社记者所写的内参密件却提到，河南的情况其实比《大公报》所说的还要坏。

时隔一个多月，美国《时代周刊》也发表了该刊记者白修德采写的关于河南大饥荒的报道，举世为之震惊。那一期报道除了文字，还配发了照片。其中有两张照片并排放在一起：一张照片上，是一个面容悲凄的妇女坐在地上，无助地看着被饿得奄奄一息的孩子；另一张照片上，是蒋介石身着笔挺的军装坐在办公室看一本书，书名：《中国之命运》，著者：蒋中正……当时，正在美国访问的宋美龄看到了这篇报道，甚为恼怒。她马上打电话给《时代周刊》的老板，要求开除"造谣生事"的白修德，遭到后者拒绝。

在河南大饥荒这个问题上，蒋介石同时犯了"过度敏感"与"过度麻木"两个毛病——对新闻言论过度敏感；对灾民的死活过度麻木。无数上报的材料可证明，蒋介石对灾情了如指掌……可以说，三百万亡命的灾民中，有相当一部分正是死于领导人的这两个毛病。

又过了二十余年。中国进入了长达十年的非常敏感和非常麻木的时期。

这个时期，除了婴幼儿与神经病患者之外，几乎所有国人的嘴巴和耳朵，都变得异常敏感。那时候，有一个叫作"上纲上线"的东西，在人们的日常工作与生活中，飘忽不定，无所不在。在其影响下，人们不敢说话了。要是想说话，会先将要说的话在大脑中酝酿、修改一番，然后才让它从嘴巴里出来；听话的人，则仿佛治学严谨的语言学家，将听到的话代入"纲"和"线"的公式，仔细推敲那话语是否"病句"，以便决定是否告发说话的人，从而谋取奖赏。这种富有我们特色的敏感传统，至今还或多或少地留存于部分人的思维与行动之中。

过度敏感，催生了过度麻木。十年之中，亲人和朋友相互出卖，成了家常便饭。亲情、友情、爱情、工作、生活，基本上都得为政治让路。最近，北京一名律师通过《新京报》忏悔说，当年他做红卫兵时，曾举报自己的母亲在家中发表"反革命"言论，结果导致母亲被枪决。同他一起举报母亲的，还有自己的父亲。

又过了数十年。

随着"法治中国"的建设，以及传媒业的迅猛发展，公民的权利意识开始觉醒，法律意识不断增强，监督政府、批评腐败的现象开始兴起。但与此同时，中国社会继"上纲上线"之后，又出现了"诽谤官员""敲诈政府""跨省拘捕"等新鲜词儿。这些新词儿，无疑是地方官对民意过度敏感的产物，往更深的层次来说，则是官员内心极度脆弱和不自信的产物。一名图书管理员，举报自己的大学女同学（官员的女儿）在公务员考试中作弊，而遭到地方刑警跨省拘捕；一名小公务员写了一首针砭时弊的打油诗，结果惹怒了县领导，遭了牢狱之灾，连手机收到其诗作的亲友同事，也受到了调查……历史虽经过了数千年演进，社会经历了无数次变迁，但我们依稀感到，商纣王的精神并没有完全消失。

对民间言论过度敏感的背后，必然是对民间疾苦的过度麻木。因为麻木，所以敏感，敏感是麻木的连锁反应，二者呈正比关系。可以说，一些领导干部在精神层面，具有双重特性——对自身问题很敏感，对他人之事很麻木；对个人私利与享乐很敏感，对公众生存与生命很麻木。说起来，这种过度敏感与过度麻木的根源，便是官僚与腐败。这些年，我们经常见到落马的贪官，在法庭上痛哭流涕，这其实是对自身遭遇的敏感，对身份转换的不适应。但是显而易见，出现如此结局的原因，正是他们当初对老百姓的泪水视而不见。所以，很多时候，敏感与麻木最终都会为自己带来可悲的代价，小至一众官员，大至一个王朝。

当代执政党领导人，自然认识到了问题的严峻性。当年，邓小平谈及废除领导职务终身制的改革时，曾这样说道："让老人、病人挡住比较年轻、有干劲、有能力的人的路，不只是四个现代化没有希望，甚至于要涉及到亡党亡国的问题。"多年以后，胡锦涛在谈到反腐倡廉问题时说："这个问题解决不好，就会对党造成致命伤害，甚至亡党亡国。"去年，习近平在当选中共中央总书记后的第一次政治局集体学习中，更是语重心长地指出："近年来，一些国家因长期积累的矛盾导致民怨载道、社会动荡、政权垮台，其中贪污腐败就是一个很重要的原因。大量事实告诉我们，腐败问题越演越烈，最终必然会亡党亡国！我们要警醒啊！"

但是，并非所有的官员都在乎国家与民族的命运，在有些官员的心目中，个人私利重于民族大义。因为，这些人限于知识水平和成长阅历，并不真正懂得"皮之不存，毛将焉附"的道理。

现如今，有一部分人依靠"拼爹"走上了公职人员的岗位，这些人对民间疾苦缺乏体验与了解；还有一部分官员，不学无术，不能从书本中了解历史的进程和社会的发展规律。这样一些官员，往往是极度麻木与敏感的主力军。

古往今来，无数经验教训都在诠释这样的道理：官员的神经系统出点毛病，许多老百姓就可能遭殃，甚至可能失去性命。同时，历史还在告诉世人，正义的力量是烧不尽的野草，冒死捍卫真理、叫板专制，从来都不是一个人在战斗。《史记·齐太公世家》记载的"崔杼杀君"讲道：齐太史书曰"崔杼弑庄公"，崔杼杀之。其弟复书，崔杼复杀之。少弟复书，崔杼乃舍之……那位史官秉笔直书，不畏强权，记下大臣崔杼杀死齐庄公的史实后，丢了性命。他的弟弟继任史官后依旧坚持真理，同样被杀害。最小的弟弟冒死照实记录，却被放了。为什么？因为崔杼终于明白了一个道理：杀掉再多的人，也抹杀不掉历史和缔造历史的全部人民。民声，不会在沉默与沉没中发霉、烂掉。在当今信息时代，抹杀事实、篡改历史、忽悠民意，就更加没有可能了。

说起来，本书也只是将古往今来讲烂的道理，换一个讲法。对于当今的领导干部，尤其是年轻的缺少学习的领导干部来说，书中涉及的活生生事例，或许更有针对性。看到行政干预司法导致的冤案；看到强制拆迁造成的平民无家可归；看到民众长期为食品安全所伤所累；看到贪污腐败带来的百姓血泪，或许会明白，敏感而麻木的官僚主义，给衣食父母们带来了多大的麻烦啊！

官员若不屈驾深入社会底层，很难真正体会民间疾苦，更不知平民百姓在想什么。2011年5月26日，中共中央机关报《人民日报》发表评论文章，指出：执政者要在喧嚣中倾听沉没的声音。文章认为，大部分沉没的声音背后，都有未被满足的诉求，都有被压抑、待纾解的情绪。儿子车祸致残，云南父亲欲法院"自爆"走上极端维权之路；幼女身患绝症，湖北母亲参与"行救女"网络炒作……让舆论哗然的事件，都肇始于被忽视的声音。不可倾诉、不被倾听、不能解决。如果不主动"打捞"，太多声音沉没，难免会淤塞社会心态，导致矛盾激化。

党报文章事实上也在诠释一个朴素的道理：沉没的声音并不会自行消亡，总有一天会蓄势爆发。也就是说，沉没的声音不会永远沉没。而为官者只要摸着良心，就必然会听到这些声音。

唐代文学家柳宗元的传记文《段太尉逸事状》中，有一个凭良心做事的正直官吏形象，令人印象深刻。因为不畏强权，段太尉"勇服郭晞"；因为爱民如子，他"仁愧焦令谌"；因为清正廉洁，便有了"节显治事堂"的佳话。特别值得一提的是"仁愧焦令谌"一事：农夫因向酷吏焦令谌恳求缓交地租而被打伤，被抬到段太尉府上。段大哭，亲自为农夫疗伤、喂食，并卖马为其偿还地租。段的义举居然能让作恶多端的酷吏焦令谌"大愧流汗，不能食，曰：'吾终不可以见段公！'一夕，自恨死"。可见，良心的力量何其强大。

人心不是石头，麻木的心与过度敏感的心，需要时时抚摸自问。全国人大常委会前副委员长成思危说得好：治学和从政，都要将"摸着良心过河"视为提醒。是的，良心是人最初的本性，是人类价值的正能量，是超越法律的自律精神，是社会最有效率的生产力。摸着良心做事，必然能赢得民心，获得动力，从而顺利过"河"。

（原文系暨南大学出版社2014年版《摸着良心过河》序言。作者：椿桦）

摸着法律过河
——依法为官

法律人必须要具备的十种思维

　　思维决定出路，我们的思维决定了我们的未来，我们的思维决定了我们的行动。作为一名法律人，应具备逻辑思维、逆向思维、程序思维、规则思维、民主思维、权利思维、证据思维、平等思维、救济思维、公平思维等十种思维。

第一种思维，逻辑思维

　　记得我们在学逻辑的时候，听过一个故事，老师跟我们讲过古希腊一个学生和一位老师之间的"半费之讼"。这个"半费之讼"就是一半的费用。我们都知道当时在古希腊，一个老师教一个学生如何打官司，说："我跟你签一个协议，收你一半的费用。"大家都知道，这相当于现在当律师的风险代理，或者说这是提前支付一半费用的风险代理。（古希腊的老师）说："你毕业以后打的第一场官司，只要是赢的官司，你就再付我另外一半。"然而，这个学生毕业之后，就天天待在家里，不打官司。这个老师着急了，很生气，就起诉这个学生，说："你必须把这另外一半的费用给我，不管是哪个途径我都能赢。如果按照法院判决我赢了，我也可以让你将另外的一半费用给我；如果按照协议你赢了，你也得把另外的一半费用给我。"没想到老师厉害，学生更厉害。所以，在座的各位学生将来超过老师是正常的。学生说："老师啊，其实我的另外一半费用永远也不给你的，而且我也给不了了。因为这个协议签订完了之后，现在到了诉讼阶段，如果根据法律判决我不给你，那我当然不给你；如果你赢了我同样不会给你。"你们看，这又是一个逻辑道理。只不过，这个里面双方利用了一个概念的偷换达到了赢得自己胜利的目的。这就是一种逻辑推理。

所以在法律思维当中，逻辑思维可能是我们最需要考虑的问题。我们经常讲"因为""所以"，这是一种逻辑思维。在我们的法律规范当中，比如说"假定、处理、制裁"，也是一种逻辑思维。比如说我们要设定一种权利，那我们要考虑这种权利的来源。比如说我们设定一种权利，我们同样考虑为这种权利设置了某些救济措施。这就是我首先要告诉大家的逻辑思维。

第二种思维，逆向思维

逆向思维也就是反向思维。我们现在生活在网络时代，每天都能看到我们所谓的"民意"。"民意"是一种什么思维？就是一种大众思维。我经常讲，我们法律人的思维，跟"民意"究竟是否属于一种思维？我的观点，我认为就是这样一种思维：当全社会皆曰可杀的时候，我们法律人要说不杀，因为我们法律人拥有的思维之一就是这样一种逆向思维。当大家都说这个人犯罪的时候，我们有可能要想：他有没有可能不构成犯罪的理由、条件、事实、证据。

刘涌案件，这是9年前的案子。当时刘涌案件发生以后，第一审判决的结果，所有不满意的人都是什么人？都不是学法律的人。这由此更加证明法律人思维是能看到它的结果，能看到它的推理的过程。因为在很多社会人眼里看来，刘涌这么一个罪大恶极的人怎么能不判死刑？怎么还能让他逃脱法律的惩罚？而且还有些刚刚入学的大学生，给田文昌律师写信，说："田老师啊！我原来多么崇拜你、多么敬仰你，没想到你竟然为黑社会头子去辩护！"这就是一种与我们法律人所思所想不一样的思维。在我们法律人看来：在社会人当中都认为不可能的时候，我们要认为可能；当社会人认为不是的时候，我们要认为是。所以由此我们来判断，在这个网络时代的民意当中，我们能看到法律人的影子在哪里。

今年发生了不少敏感案件，当然这几年每年都会发生一些热点案件，比如说"许霆案件"，比如说今年的"邓玉娇案件"，比如说"杭州飙车案"，尤其是"杭州飙车案"。

"杭州飙车案"前面有很多人提出了一些质疑，我觉得都是非常符合逻辑推理的，但是最后在提出胡斌是否是替身的时候，我就发现：整个"民意"已经变成了"民粹"——他们都认为胡斌是替身。后来我就写了篇文章，我说，胡斌有替身，怎么可能？我认为，从时间上来讲，不太可能；从空间上来讲，不太可能；从必要性来讲，不太可能。我认为，我们法律人就是应该这样去逆向思维：当大家认为可能的时候，我认为不可能；当大家认为不可能的时候，我认为可能。所以，在座的各位同学，当你们面对一个自己无法判断的问题的时候，如何判断你是法律人？我觉得，你就应该跟大众保持一种清醒的不一致，这就是一种逆向思维。

第三种思维，程序思维

我想所谓程序思维，在许多诉讼法学家来讲，所谓程序就是一种遵守法律、适用法律的程序。但是，更重要的是一种能充分地吸收方方面面的不满的一种程序。我们都知道，任何的事情，比如说在中国，我们是两审终审制。那么，说到两审是个什么结果？一审是个什么结果？我想起来有个例子。在前年"许霆案"还没有判决的时候，当时最高人民法院有一位副院长，他对记者说，"许霆案"判得确实有点重，我们正在研究。他说完这句话之后，所有的法律人都在抨击他，你作为一个最高法院的副院长，不应该讲这句话。即使你知道情况，你也不应该讲这句话。因为这个案子到不了你们最高法院，就算到最高法院也是一种内部请示程序。

但作为法律程序来讲，抨击者是不应该出现这种情况的。所以，这位副院长的思维就不是程序思维，尽管他是法律人。所以我们由此可以证明，法律人的思维——程序思维不可或缺。我们为什么要考虑这个程序思维？因为有一个观点我们都知道："迟到的正义是非正义。"当然，我们迟到的美丽是最后的美丽，比如说你谈恋爱，经过若干年的追求，二十年之后，你最后得到了你想要的爱情；比如说我若干年之后，或者说马上我跟我的那个梦中情人——我的大学女同学最终在一起的话，那就是最美的爱情。你想，经过二十多年的追求，终成眷属了，梦想成真了，心想事成了。

爱情可以这样，但是正义不能这样。正义一定要讲究程序，不能说迟到的正义还是正义，迟到的正义是非正义！当然了，从那个形式程序来讲，我们肯定还会看到这样一种情况，就是任何人当他被当成犯罪嫌疑人或者被告人的时候，我们就要看到他还有什么权利。为什么？在法院给出最后说法之前，任何一个人都是无罪的，因为什么？所有的有罪都要程序完成之后他才能成为法律意义上真正的有罪的人。所以，所谓的"无罪推定"实际上就是一种程序思维。所以，任何时候我们都要想到，作为一个法律人，我讲话或发表意见的时候，我就要考虑是不是程序已经完结。因为在法律上，对任何一个人我们都有保护他的程序，同时我们还有救济他的程序、惩罚他的程序。这个程序对任何一个人来讲，它是保障人权的一种需要。

所以，无罪推定也好，还有刚刚讲到的"吸收不满"也好，实际上就是一种程序思维。但是这种程序，不是走过场。我们经常讲啊，我们中国好多事是走过场的。比如说人家说"小会办大事""大会不办事""办事不开会"。我们要讲的就是法律的程序。所以，在座的各位教授，如果在点评一个人的发言，点评一个事实，点评一个现象，他必须等程序完成之后才能发言。就像等我讲完之后他们才能说，现在他们不能插话。我说的他们认为不对，他们也不能插话。这个呢，就是一种程序思维。所以我觉得对我们法律人来讲，检验自己是否属于法律人，或者说用这种训练方式训练自己是否能够成为完全的、完整的、完备的法律人的时候，我们要看看这第三个标志。

第四个思维，规则思维

我们知道，法律是什么呢？法律就是一种规则。法律就是一种调整权利和义务之间关系的规则，法律就是一种调整各种利益关系的规则，法律就是以公权力作后盾来保证它实施的一种规则。任何时候我们讲有规则，就是说按规则来办事。在讲规则的时候我们无形当中就会涉及一个问题，这是我们在法理学界，在诉讼法学界都争议过的——就是说，规则到底是善法还是恶法，恶法是否也是法？大家都知道善法是法，恶法是否也是法？苏格拉底被关起来之后，他的徒弟挖了条地下通道，告诉他："师傅，我们已经把地下通道打通了，走吧，赶紧撤。要不你就被杀了。"苏格拉底说："恶法也是法，我鼓吹、我呼吁、我主张要建立一套规则，按规则办事，我不能违反规则。尽管这个规则是不正确的，是不合法的，是不合理的，是没有人性的。但是，在它修改之前我们就要遵守它、适用它、敬仰它。"这就是一种规则的思维。

我记得，前几年广东省高院判了一个案子，我觉得这个法官太优秀了。他就是用一种法律人的思维，帮助他解决了这个案子，和平地、和谐地、和美地解决这个案子。案情是这样的：有一个叫"五月花"的餐厅，环境非常美（这个餐厅是在美丽的珠海海边）。有一天在这个餐厅里发生一起爆炸案。在这个包间里面爆炸了，把一个服务员炸死了；还有一个更重要的是，把这个包间外面的一家三口炸得一死一伤，而且伤的这个人基本上后半辈子就没有任何的生活能力了。为什么会发生爆炸？因为有人在开酒瓶的时候发生了爆炸；为什么开酒瓶时发生爆炸？因为酒瓶里有炸药；那谁把这炸药拿进来的呢？是一个医生把酒瓶带进去的，因为那个酒楼可以自带酒水。所以这个话我们不能跟餐厅说，因为现在好多餐厅是不让自带酒水。当然，从这个案子来看，不让自带酒水可能会保护一个人。这个医生的酒从哪里来的呢？是一个患者送给他的。因为患者对他的医术不满意，没把他的病治好，所以就买了一瓶酒，放好了炸药，送给他，是想把医生给炸死。但是，没想到这个医生把酒收了过去以后一直不喝，摆在家里。

一年之后，他终于把这个酒还是带到餐厅去了。在服务员开酒瓶的一刹那，爆炸发生了。服务员炸死了，还有一家三口一死一伤。最后，这三口一死一伤的家庭起诉了这个餐厅。一审餐厅赢了，消费者输了。二审，这个时候考验我们法官的时候到了。因为双方肯定在争议：到底是侵权还是违约？有的人说侵权，有的人说违约，反正，各说各有理，双方都是各持己见。这个法官最后想到了第三个思路，他认为：这既不是侵权，也不是违约，依据公平正义原则判决判决这个餐厅补偿消费者30万元。请注意：我讲这是补偿，不是赔偿。30万元，对一个餐厅来讲算多又不算多，对一个消费者来讲算少又不算少，但是毕竟能够稍微简单地抚慰受伤的心灵。同时，也能稍微清楚地告诉大家，这个餐厅尽管自己也受到损失，但毕竟它也补偿了消费者，所以消费者的口碑，不，这个餐厅的口碑，也能由此而建立起来了。所以，通过这个案子我认为，这法官判得太高明、太优秀、太有思维了！他就是一种公平思维。所以我们假如讲到规则思维的时候，我们要看到，规则之上，还有谁？还有原则。原则之上还有谁？公平思维。有时候，我们要看到的是一种更高境界的、更高意义的规则思维。

第五种思维，民主思维

这个问题相对来讲，对我们法律人来讲，好像这是一个非常简单的问题，还需要来强调吗？不错，一定要强调。不过，民主思维可能有很多理解的含义，我现在主要的理解就是：当票数出现51对49的时候，当票数出现99和1的时候的民主问题。大家都知道，完全一致的肯定不是民主的。比如说，我们一致拥护校长的领导，那这话肯定是假话，肯定也有若干人不拥护。但是，不拥护是少数派。对校长来讲，不拥护的人不是说不值得尊重的人，同样是值得尊重的人。正如马英九当选台湾地区"总统"之后，他说这是我们华人地域的第一个民主的胜利。他讲的民主就是多数人战胜了少数人，但他同时马上也看到，少数人该怎么办？也就是说：民主的思维是要服从多数，尊重少数。当99%对1%的时候，我们难道能对这1%忽略不计吗？显然不可能。作为一种民主思维，作为一种民主政体，作为一种民主法治，实际上我们想到的都是说：我们要如何地尊重多数，如何地尊重少数。

第六种思维，权利思维

因为，我刚才讲了，法律就是一种权利和义务的关系的总和，人家说宪法就是"写着人们权利的一张纸"。那么我们权利思维就要求我们任何时候都要想：他有没有这个权利？但是我们更重要的是要想：政府和国家，政府和人民，权力（利），哪里来？政府的权力是公权力，我（们）的权利是私权利。大家知道，就公权力来讲，法律没有规定你可以去做的，你就不能去做，这就是一种权力的来源。那么，对私权利来讲，法律没有规定的我就可以去做，这就是一种私权利的来源。所以，所谓公权力和私权利，我们看看关于信息公开和保密的问题。我们中国这么多年来，已经使我们习惯了一种传统思维，什么思维啊？保密思维。什么事都保密，"无可奉告"，什么都绝密、机密，特别是机密。所有，我们看到的文件，有多少打满了"机密""绝密"这样的字眼？在现代社会，其实保密是一个例外，公开是一个原则。那现在又讲到了我刚才讲的原则，什么是原则？权利也是这样。

所以作为法律人来讲，无论任何时刻都要首先想到，他有没有这个权利？我有没有这个权利？公权力有没有这个权力？私权利有没有这个权利？男同学有没有这个权利？女同学有没有这个权利？我们要能够分辨出并看到：谁有这个权利？这就是一种权利思维。

第七种思维，证据思维

也就是说平常我们在现实生活中说的"讲话要有证据"，这就是现实中的一种证据思维。但是，在法律人来讲，我们的证据是指什么？我们理解的就是：客观事实和证据事实。我们中国人喜欢吃"面条"，主要喜欢吃三种面条：一种是"场面"，一种是"情面"，一种是"体面"。但是不管哪一种"面条"，你们吃吃看，如果"面条"里面出现一个什么苍蝇，出现一个什么反正不习惯的问题，按照我们过去的思维，把它挑出去接着吃，这就是我们的传统思维。当然，这种传统思维也贯穿了我们什么思维呢？我们的节约思维。但是，同样的情况在西方国家可能未必如此。就是这个里面可能有虫子，而且我们看到一条虫子，会想到可能还有什么，于是我们就有理由提出还有很多虫子，所以就把这碗面条全倒掉。我们是倒一半，人家是全倒掉。这是什么呢？"非法证据排除规则"。也就是说，我们讲的合理怀疑就来源于证据思维。对任何一个问题，对任何一个事实，对任何一个现象的发生，我们都可以合理怀疑。辛普森案件，为什么最终辛普森能判决无罪？因为从刑事案件上讲，它要求的是百分之百的不能怀疑。只要有但凡百分之零点一的怀疑，那就是有了合理怀疑。所以，辛普森的律师就提出怀疑：第一，你这个人可能有种族倾向；第二，你这个袜子上的血迹正面和背面的显然印迹是不一样的；第三，那个手套不能套进去，那你怎么能说他带过这个手套呢？我就提出这几个合理怀疑，我就有理由证明有可能还有更多的证据有瑕疵，我有理由怀疑。对于陪审团来讲，哦，可能是有这种情况，现在我们看到好几个证据都有问题，那接下来是不是都有问题呢？所以，律师在用一种证据思维给陪审员辅导，同时也给陪审员提供一个倾向。

所以，我们法律人的思维非常非常的重要，就像我刚才讲的，我们可以得到爱情，可以得到生命，可以得到正义，可以得到美丽的笑话，可以得到有趣的故事。但是，我想对我们法律人来讲，应该还有更能提升我们境界的思维。这就是第七个标志思维。

第八种思维，平等思维

所谓平等思维，我们首先想到"法律面前人人平等"这么一个思维。我想更多的应该是从法律主体上讲它有平等。我们讲民事关系，说平等主体之间签订了调整权利和义务关系的协议，他们产生了契约关系。那么说，在其他时候，我们是不是一种平等的关系？所以我们法律人要看，其实任何一个人，人与人之间都是平等的，人与人是互相支撑的，这个人字怎么写？就是互相支撑的，也是互相平等的，无法平等，它就无法支撑。所以我们要看到任何一个人，不管这个人是强势还是弱势，我们想说：作为一个人来讲，他终究是平等的。还有好人和坏人的平等，其实我们学法律的人都知道，在法律人眼里没有坏人，在道德的眼里有坏人。所以律师为坏人辩护，我们实际上不是为坏人的"坏"去辩护，我们实际上应该是为坏人这个"人"去辩护。因为他跟我一样，都是一个平等的主体。我们在座的任何一个人都有可能会成为或者就是潜在的犯罪嫌疑人，我们对犯罪嫌疑人的保护实际上就是保护我们自身，就是说：对他的保护，也是保护我。所以，这个人与人之间的平等在法律上的体现就是，好人和坏人也是平等的主体。就算是最后判决他有罪，我跟他之间还是一种平等的关系。当然，比如讲人格权的平等问题，比如说民事权利的平等问题，这就是说我们任何时候要有一个思维，这就是作为法律人来讲，应该有的平等思维。

第九种思维，救济思维

作为法律人，我刚才讲了权利的来源，同时，我们要想想，我们设置一种权利的时候，我们是否给它附随了一种救济的权利。也就是说，法律规定了你有这项权利——被别人侵犯了，谁来救济？刚才讲了，马伯里诉麦迪逊的时候，他第一句话就是：他是否有这个权利？第二句话就是：他是否有权要求颁发委任状？这个就是救济思维。他有这个权利的时候，我们法律给他提供了什么样的救济。我们讲法律规范，我刚才讲了假定、处理、制裁，实际上这个里面分化下来，就是权利的规定和权利的救济组合起来，就是我们要有一种救济思维。我们救济不是说地震灾害的救济，不是生活困难上的救济，这都是现实生活中的救济。我们法律人的救济就是：任何人都有得到救济的权利，任何人的权利被侵犯之后都有权要求法律给他提供救济——程序上给他提供救济，实体上给他提供救济。律师帮助犯罪嫌疑人也是一种法律的救济。所以，为什么要有律师？律师制度怎么来的？就来源于我们的救济。法律规定的权利，怎么来救济呢？那就是要从各个方面来保证他的权利的实现，现在有人对《中华人民共和国律师法》提了很多意见，尽管《中华人民共和国律师法》经过这次修改现在好得多，但是，还是没有逃出一个什么思维呢——管制思维。其实我们中国律师很难呀，为什么有人说在中国律师当中我人气指数很高，就在于我把任何一个律师就是当成律师，当成一个人，我并没有当成，比如说他是我的部下，他是我管的对象，我没有任何这个观念。我认为：他就是一个律师，一个为社会服务的律师，运用法律维护法律权利与正义的律师，维护社会公平和正义的律师。所以，律师觉得我这个人对任何一个人都是尊重的。因为，律师他就是一种救济的手段、救济的程序、救济的权利，也就是说制度的设计要有律师为他们去提供辩护。这就是一种救济思维。

第十种思维，公平思维

其实，对于公平思维，就像刚才我已经讲到的，如果说平等思维是一种状态，那么公平思维就是一个结果。我们看看，我们在现实生活中，公平到哪里去找？通过法律去实现。刚才我们举了广东的那个例子，我觉得这个例子就是一种公平思维。当然了，我们律师帮助犯罪嫌疑人也是一种公平思维，在律师的面前没有坏人，在法律的面前没有坏人。那么就是说我们对一切人的权利要公平地去保护，要依据一种公平的原则，就像我刚才讲的那个爆炸案一样，对餐厅来说，可能是侵权、可能是违约；可能不是侵权，也可能不是违约；但是不管怎样，最后要找到一种公平的思维。也就是说，平等是状态，公平是结果。结果就要求我们要让全天下所有的人能实现在法律上的平等保护——公平的结果。

我想我们在座的任何一个法律人在面对纷繁复杂的社会现象，面对任何各说各有理的法律纠纷，面对众口一词的"皆曰可杀"的困境时，我们法律人想到了什么？我们法律人该说什么？我们法律人能说什么？我想，这就是我们检验自己是不是法律人的标志。当然检验法律人的标志很多，但是，我认为，这十种思维应该足以概括我们自己是不是一个法律人。所谓法律人，包括法官，包括检察官，包括律师，包括学者，也包括一些警官。这就是所谓的法律人共同体，一个法律人共同体的建构，要有一种共同的理念，共同的思维，才能建构出一个完全理想、一致的职业群体。所以这个思维既是检验我们是否属于法律人的标志，同时也是打造法律人这个团体的一个必要的程序。

我们的未来在我们在座的每一个人的手中，在我们每一个人的脑中，在我们的心中。应该说，思维决定出路，我们的思维决定了我们的未来，我们的思维决定了我们的行动，我们的思维决定了我们能否对得起"法律人"这个光荣而伟大的称号。

[原载于法律出版社2010年版《法理学讲演录》（第七卷）。作者：刘桂明]

附：古代法治名言警句

原文：不法法，则事毋常；法不法，则令不行。令而不行，则令不法也；法而不行，则修令者不审也。

出处：（春秋）管仲《管子·法法》。

译文：不以法推行法度，则国事没有常规；法度不用法的手段推行，则政令不能贯彻。君主发令而不能贯彻，是因为政令没有成为强制性的法律；成为强制性的法律而不能贯彻，是因为起草政令不慎重。

原文：和民一众，不知法不可；变俗易教，不知化不可。

出处：（春秋）管仲《管子·七法》。

译文：要使民众和谐一致，不懂得法律是不行的；要移风易俗，搞好社会风气，不懂得政治教化是不行的。

原文：大义灭亲。

出处：（春秋）左丘明《左传·隐公四年》。

译文：为了法律正义而不顾亲情。

原文：令行禁止，王始也。

出处：（先秦）《逸周书·文化》。

译文：有令必行，命令发布就马上行动；有禁必止，命令停止就立刻停止，这样就可以称王了。

原文：国无常强，无常弱。奉法者强，则国强；奉法者弱，则国弱。

出处：（战国）韩非《韩非子·有度》。

译文：国家不会永远富强，也不会长久贫弱。执行法令的人坚决，国家就会富强；执行法令的人软弱，国家就会贫弱。

原文：法败则国乱。

出处：（战国）韩非《韩非子》。

译文：法律制度败坏，国家必然大乱。

原文：法不阿贵，绳不挠曲。

出处：（战国）韩非《韩非子》。

译文：法律不迎合有权势的人，绳墨不迁就弯曲的木头

原文：道私者乱，道法者治。

出处：（战国）韩非《韩非子·有度》。

译文：从私情出发治国，国家必乱，依法治国，国家安定。

原文：家有常业，虽饥不饿；国有常法，虽危不亡。

出处：（战国）韩非《韩非子·饰邪》。

译文：家里如果有固定的产业，就是吃不饱也不至于饿死，国家有固定的法律，就是有了危难也不会灭亡。

原文：明法制，去私恩。夫令必行，禁必止。

出处：（战国）韩非《韩非子·饰邪》。

译文：明白地确立法制，抛开私人恩怨，这样才能做到有令必能贯彻执行，有禁没人敢于违反。

原文：治世不一道，便国不法古。法之不行，自上犯之。

出处：（汉）司马迁《史记·商君列传》。

译文：治理国家没有统一的规律，只要对国家有利就不一定要事事效法古人。法令不能够贯彻，是因为上面的统治者知法犯法。

原文：杀人者死，伤人及盗抵罪。

出处：（汉）司马迁《史记·高祖本纪》。

译文：（刘邦到达灞上之后，便召集当地的名士，和他们约法三章）杀人者就是偿命，伤害别人的人和偷盗财物的人，要根据不同情况，伤势轻重来抵罪。

原文：法者，治之正也，所以禁暴而率善人也。

出处：（汉）司马迁《史记·孝文本纪》。

译文：法令是治理国家的准绳，是用来制止暴行，引导人们向善的（工具）。

原文：法正则民悫（què），罪当则民从。

出处：（汉）司马迁《史记·孝文本纪》。

译文：法令公正百姓就诚实谨慎，判罚得当百姓就心服顺从。

原文：曲木恶直绳，重罚恶明证。

出处：（汉）王符《潜夫论·考绩》。

译文：曲木害怕用墨线来衡量，重的惩罚害怕确凿的证据。

原文：锄一害而众苗成，刑一恶而万民悦。

出处：（汉）桓宽《盐铁论》。

译文：铲除一个害虫，众多好苗才能长成，惩罚一个坏人，万民才会高兴。

原文：罚不讳强大，赏不私亲近。

出处：（汉）刘向编《战国策》。

译文：惩罚不畏避强大的权贵，奖赏不爱护亲近的人。

原文：庶狱明则国无怨民，枉直当则民无不服。

出处：（晋）陈寿《三国志》。

译文：百姓的官司判决得公正，国家就没有怨恨的民众；是非曲直者判得清楚恰当，老百姓就不会不服。

原文：刑罚不能加无罪，邪枉不能胜正人。

出处：（南朝宋）范晔《后汉书·桓谭传》。

译文：刑与罚不能施加给无罪之人，奸邪不正之人不能战胜正人君子。

原文：刑法明则奸宄息，贤能用则功绩著。

出处：（北齐）魏收《魏书·王睿又列传》。

译文：刑法严明奸邪与犯法作乱的人就会停止作乱；贤能的人才被重用，治国的功绩显著。

原文：法大行，则是为公是，非为公非。

出处：（唐）刘禹锡《天论（上）》。

译文：法律普及了，个人的是非观就是从人的是非观。

原文：守法持正，巍如秋山。

出处：（唐）刘禹锡《司空奚公神道碑》。

译文：恪守法令制度，主持正义，像高山一样不可动摇。

原文：刑赏之本，在乎劝善而惩恶。

出处：（唐）吴兢《贞观政要》。

译文：刑罚与奖赏的根本，在于激励善人而惩戒恶人。

原文：法行于贱而屈于贵，天下将不服。

出处：（宋）苏辙《上皇帝书》。

译文：如果法律只行施于平民百姓，而屈服于达官权贵，天下人将不服气。

原文：法有明文，情无可恕。

出处：（宋）欧阳修《论韩纲弃城乞依法札子》。

译文：法律有明白的条文规定，违反了法规，情理上不值得宽恕。

原文：号令不虚出，而赏罚不滥行。

出处：（宋）欧阳修《准诏言事上书》。

译文：法令不要凭空发出。赏罚不要无节制地施行。

原文：君子为国，正其纲纪，治其法度。

出处：（宋）苏轼《新论（下）》。

译文：君子治理国家必须端正其纲纪，在法度状况下实施他的行为。

原文：令在必信，法在必行。

出处：（宋）欧阳修《司门员外郎李公谨等蘑勘改官制》。

译文：政令必须讲信用，法律必须要执行。

原文：治事不若治人，治人不若治法。

出处：（宋）苏轼《应制举上两制书》。

译文：治理事情不如治理人，治理人不如制定与实施好法律制度。

温馨告示

　　本书所选文章，均系国内媒体所公开发表过的时事作品。由于编选工作极为繁琐，且人手有限，仍有部分作者我们尚未联系上。在此，希望这部分作者见书后，及时同我们取得联系，以便奉寄样书与稿酬。最后，对作者们的支持与理解表示由衷的感谢。

　　地址：广州市大沙头四马路10号

　　邮编：510102

　　电话：020-83792630